# 同盟は家臣ではない

孫崎 享
Magosaki Ukeru

日本独自の安全保障について

Alliance is not a Vassal Japan's Original Security Policy

# 同盟は家臣ではない

## ——日本独自の安全保障について

装丁　柴田淳デザイン室

# 目次

## 第三章 ウクライナ問題への対応がリベラル勢力崩壊の原因

第四章 世界の新潮流：米国・欧州支配の時代は終わる

原則7:「戦いに入れば、武器の高度化によって、戦いで得るものと、戦いで失うものとの比較で、勝敗と関係なく、後者が圧倒的に大きい」

原則8:「外交は『自己の主張においての100点中、50点取るのが理想』という妥協の精神を持てば妥協の道は常にある」

原則9:「過去の合意の順守をする気持ちで臨めば、大方の問題はすでに武力紛争に行かないような枠組みが設定されている」

原則10:「『好戦的』で『不確定』な北朝鮮に対してすら、攻撃させない道がある」

原則11:「ロシア、中国、北朝鮮とは外交努力をすれば武力攻撃を受けることはない」

原則12:「『ジャパン・アズ・ナンバーワン』と恐れられた時代に回帰しよう」

# 第一章　安全保障を考える時の視点

私たちは安全保障を考える時、幾つかの視点を持つ必要がある。

国際情勢、安全保障政策を考える際、細かい現状認識を行うことは必須である。だが、それと同時に、あるいはそれ以上に重要なのは、どのような問題意識や価値観で、これらの事実を見るか、判断の根拠となる事実の過不足を認識するかである。これは見る者の人生を反映する。

第二次大戦後、冷戦時代の戦略を構築した人物にジョージ・ケナンがいる。ケナンは、「封じ込め戦略」を編み出した。「ソ連の政策は危険なもの」と見なしつつも、「ソ連の政権は国民から遊離するという脆弱性を持ち、悪が拡散するのを抑え込んでおけば、そのうちソ連自体が自壊する」というものである。一見タカ派的考え方のように見える。だが、この戦略と対峙するものに、「悪のソ連に対し、即、軍事的に攻勢をかけ崩壊させる」というものがある。したがってケナンの提言は武力行使を排する「ハト派」の部類に属する。

私もまたこの系譜にいる。対象国の悪を見ていないわけでない。しかし「その悪はその国の歴史的な流れで変化するのであり、軍事的対決は無用の悲劇を双方に出す」という考えが根底にある。

思えば私のこの姿勢は、随分と昔からのものである。

1985年頃、私は外務省国際情報局分析課長であった。毎日、一件のみ、1枚の分析ペーパーを作成し官邸にも送り、それなりに評価されていた。局長は岡崎久彦氏である。彼は「日本をとりまく国際情勢の力関係を考えれば、ソ連と米国という二つの強大な力を持つ国の間にあって、しかも戦略的に高い重要性を有する日本のような国にとっては、生存と平和を維持するためだけでも、どちらかの力と協力し、他の力を抑止する以外に方法がない」との考えを持ち、今日の「対米依存・隷属」の理論的支柱となった。当然「ソ連とは軍事的対峙も辞さず」路線となる。

ある時、私の少しばかり上の先輩が「岡崎さん、あなたは孫崎を評価しているようだが、とんでもないことですよ。彼は隠れハトだ。タカの中に隠れているハトだ」と進言した。岡崎氏は「白でも黒でもいい。国際情勢をちゃんと分析できればいいんだ」と言ってはねのけた。2004年だったと思う。自衛隊のイラク派遣の是非を問う中央公論の対談で私たち二人が激しくぶつかり、編集長がおろおろしたことがある。だが、その後も私が外務省を離れても「孫崎、職があるのか。ないなら私の所（岡崎研究所）に来て働いたら」との誘いを受けていた。ちなみに2009年に私が日本の対米隷属を激しく批判した『日米同盟の正体』を書いた時、「日本でもこのレベルの本が出るようになったか」と最初に評価してくれたのが岡崎久彦氏である。

繰り返すが私はハト派なのである。敵対国を「悪」とみなした上での「ハト派」である。ジョージ・ケナン的ハト派である。

ジョージ・ケナンの論の基軸をなすのは、「スターリン主義はロシア国民の支持を得ているものではない」という判断である。では彼はどのようにして、ロシア人の特性を理解したか。当時はソ連に赴任していても、秘密警察の監視が厳しくてロシア人との自由な交流はできなかった。ましてや深い考えの交流はできない。それで彼はチェーホフ等の文学を徹底的に読む。その上で「封じ込め戦略」が出た。

つまりチェーホフ等の文学を学びロシア人を理解したことが、ケナンの戦略を形成したのだ。

2016年、米国でトランプが大統領になった。知識人は危機感を持った。その時人々はトランプ現象に備えるため、何を読んだか。トランプの「自叙伝」か。人々が読んだのはジョージ・オーウェルの『1984』（1949年刊行）である。『1984』は「思想・言語・結婚などあらゆる市民生活に統制が加えられ、物資は欠乏し、市民は常に『テレスクリーン』と呼ばれる双方向テレビジョン、さらには町なかに仕掛けられたマイクによって屋内・屋外を問わず、ほぼすべての行動が当局によって監視されている」、そういう社会を描いた。米国の知識階級は、トランプ時代は「事実の歪み」が政府の手によって作られると予測したのである。

私たちは国際社会を見る時、単に出来事を羅列するのでなく、それをつなぎ合わせて視る「眼」

が問われる。

「群盲象をなでる」の故事を想起してみよう。

「6人の盲人が、ゾウに触れることで、それが何だと思うか問われる形になっている。足を触った盲人は『柱のようです』と答えた。尾を触った盲人は『綱のようです』と答えた。鼻を触った盲人は『木の枝のようです』と答えた。耳を触った盲人は『扇のようです』と答えた。腹を触った盲人は『壁のようです』と答えた。牙を触った盲人は『パイプのようです』と答えた。それを聞いた王は答えた。『あなた方は皆、正しい。あなた方の話が食い違っているのは、あなた方がゾウの異なる部分を触っているからです。ゾウは、あなた方の言う特徴を、全て備えているのです』と」。（出典：ウィキペディア）

私が重要だとみる座標軸、それをまず紹介したい。ウクライナ問題や台湾問題という具体的問題になると、人々は流布されている考え方にとらわれてしまう。異なる立場の人との間では、各々の立場にとらわれ、対話がとだえる可能性がある。柔軟に思考するために、多くの人に受け入れられる可能性のある思想・考え方を提示し、それが考察や対話に役立つか否かを考えてみたい。多くの問題に当てはまる普遍的な知恵を見てみたい。

## （1）福田赳夫の視点

安全保障とは少し違うが、有名な言葉に「一人の生命は地球より重い」というものがある。

１９７７年日本赤軍グループがムンバイを離陸直後、搭乗の日航機をハイジャックし、人質の身代金として６００万ドル（約16億円）と、日本で服役および勾留中の９名の釈放と日本赤軍への参加を要求し、拒否された場合、または回答が無い場合は人質を順次殺害すると警告した。この時、福田赳夫《たけお》首相は「一人の生命は地球より重い」として身代金を支払い、超法規的措置で獄中メンバーらの引き渡しを行った。日本国内では「テロに屈するな」という声はまだ主流ではなかった。

では今はどうなのだろうか。

まず「ロシアは国際法を破ってウクライナを侵攻した。これは批判されるべきである」との声がある。それはその通りである。次いで、「ではどうするか」の問題である。

軍事や制裁で、ロシア軍を侵攻以前の所にまで押し戻す。有力な政策でありそうである。だが経済制裁は機能しなかった。制裁にもかかわらずロシアのＧＤＰの落ち込みは、２０２２年で２％程度であった。２０２３年にはプラス成長すら予測される。経済制裁が機能しない。ではどうするか。「軍事で押し返すよりしようがない」となる。

では軍事で押し返せるか。

日本では多くの人は押し返せると思っている。だが実態は違いそうである。

米国統合参謀本部議長といえば、軍人の最高ポストと言っていい。ミリー米国統合参謀本部議長は2023年初め、「ロシア側もウクライナ側も軍事で目的を達成できない。外交の場が決着になる」と述べている。

米国統合参謀本部議長がこのような判断をしていることを、多くの日本国民は知らない。

そうした環境の中でどうしたらいいのか。

私は2023年5月2日のツイッターで「ウクライナの指導者なら、A：①（海外に避難している）1300万人以上の人が（ウクライナ国内の）元の場所で生活できる、②貧困層を作らない（20％以上が戦争で貧困層になった）、③戦死者を出さないことの方が重要だと思う。それは、B：NATOをウクライナに拡大しない、東南部は（国連監視下で）住民の意思で帰属を決めるという条件を受け入れれば実現できる。これらは受け入れられない条件ですか。それでも〝戦え〟ですか」と問うた。

米国の外交評議会は「2023年4月国連難民事務所によれば、ウクライナ人の1300万人、人口の約3分の1が居住地を離れることを余儀なくされ、うち800万人が国外、500万人が国内で避難している」と指摘した。

また英国ガーディアン紙は2023年5月「貧困は2022年に5・5％から24・2％に増大し、710万が貧困となった、教会の無料パン供与では長蛇の列が並んでいると報じた（“Pawn shops and bread queues: poverty grips Ukraine as war drags on”）。

福田首相は「一人の生命は地球より重い」と述べた。犯行グループにお金を支払っただけでなく、罪に問われている人も釈放した。いかなる政治信条を守ることよりも、人命を重視した。だが今日、「人命が救えるなら政治信条を曲げてもいい」と言い切る政治家はいなくなった。言論人もいなくなった。

（注：この事件には、「米国人が乗客として乗っており、テロリストは〝最初に彼から殺害する〟と要求したので日本政府は配慮したとの説がある。重要な問題なので、関連英文を添付する。

Memorandum From the Military Assistant to the President's Assistant for National Security Affairs (Odom) to the President's Assistant for National Security Affairs (Brzezinski)1

—The White House refused to answer the question about the President's friendship with Gabriel.

—The Japanese Cabinet should make their decision without allowing this reported information about Gabriel's relationship with the President to influence their decision.）

「一人の生命は地球より重い」はある意味誇張ではあるが、実は逆の形の誇張が存在する。マデレーン・オルブライトは１９９３年から97年米国の国連大使で、１９９７年から２００１年まで国務長官である。１９９６年、ＣＢＳテレビ『60 Minutes』に出演し、対イラク経済制裁について「これまでに50万人の子どもが死んだと聞いている、ヒロシマより多いと言われる。犠牲を払う価値がある行為なのか？」と問われた際「大変難しい選択だと私は思いますが、でも、その代償、思うに、それだけの値打ちはあるのです」（"I think that is a very hard choice, but the price, we think, the price is worth it."）と答えた。「50万人」という数字が正確であるかは別として、「信条が正しければ、生命の犠牲はやむを得ない」というのが、今日の国際的基準になっているのでないか。
福田氏の言葉を今改めて見直すと、発言の貴重さが判る。

## （2）与謝野晶子の視点

日露戦争の時に与謝野晶子は「君死にたまふことなかれ　旅順口包圍軍の中に在る弟を歎きて」を詠んだ（太字は筆者）。

あゝをとうとよ、君を泣く、君死にたまふことなかれ、末に生れし君なれば　親のなさけはまさりしも、親は刃をにぎらせて　人を殺せとをしへしや、人を殺して死ねよとて　二十四までをそだてしや。

堺の街のあきびとの　舊家をほこるあるじにて　親の名を繼ぐ君なれば、君死にたまふことなかれ、**旅順の城はほろぶとも、ほろびずとても、何事ぞ、**君は知らじな、あきびとの　家のおきてに無かりけり。

君死にたまふことなかれ、すめらみことは、戰ひに　おほみづからは出でまさね、かたみに人の血を流し、獣の道に死ねよとは、死ぬるを人のほまれとは、大みこゝろの深ければ　もとよりいかで思《おぼ》されむ。（略）

暖簾《のれん》のかげに伏して泣く　あえかにわかき新妻を、君わするるや、思へるや、十月も添はで
　わかれたる　少女ごころを思ひみよ、この世ひとりの君ならで　あ、また誰をたのむべき、
　君死にたまふことなかれ。

「旅順の城はほろぶとも、ほろびずとても、何事ぞ」と言い切るこの力強さに驚く。
当然非国民との糾弾が出る。
「人の命」を最重視する視点に立てば、「旅順の城はほろぶとも、ほろびずとても、何事ぞ」と
なる。
国内がいきり立っている時、「旅順の城はほろぶとも、ほろびずとても、何事ぞ」と言い切った力！！！
与謝野晶子の「旅順の城はほろぶとも、ほろびずとても、何事ぞ」の強烈な句を考えている時、
ふとジョン・レノンの「イマジン」を思い出した。

Imagine there's no countries　国がないことを考えてごらん
It isn't hard to do　難しいことじゃないんだ
Nothing to kill or die for　殺したり、死んだりする理由なんてないのさ
And no religion too　宗教もない

Imagine all the people
Living life in peace

人々が平和で生きているのを
考えてごらん

（注：２００６年11月5日、ＮＰＲ［ナショナル・パブリック・ラジオ］はカーター大統領が「私と妻は約１２５の国を訪れたが、ジョン・レノンのイマジンが国歌と同じように使われているのを聞いた」と述べている。カーター氏は大統領退職後、１９９４年にアメリカとの間で一触即発の危機に陥った北朝鮮を訪れ金日成主席と会談した。北朝鮮の核開発凍結と査察受け入れで合意し、同年の米朝枠組み合意とつながっていった。２００２年5月キューバを訪れ、同国指導者のフィデル・カストロと会談。１９５９年のキューバ革命とその後の関係悪化以来、初めてキューバを訪問したアメリカ合衆国大統領経験者となった。これらの動きは「イマジン」の歌と通ずるものがある。）

私達はしばしば、「国のために」死を求められる時がある。その「国のために」とは私たちの命、生命とどれだけ関係しているであろうか。もし、「直結していない」と感じたなら、「国のために」の意味を今一度問い直したらよい。

## （３）日露戦争の際のトルストイの視点

トルストイは１９０４年2月8日に日露戦争が開始された後、同年6月27日、英国ロンドンタイムス紙に「日露戦争論」を発表した。

・戦争（日露戦争）はまたも起こってしまった。誰にも無用で無益な困難が再来し、偽り、欺きが横行し、そして人類の愚かさ、残忍さを露呈した。

**・知識人が先頭に立って人々を誘導している。知識人は戦争の危険を冒さずに他人を扇動することのみに努め、不幸で愚かな兄弟、同胞を戦場に送り込んでいるのだ。**

トルストイの「知識人が先頭に立って人々を誘導している」の視点は特に重要である。

当時の日本の「知識人」は朝鮮半島を日本存亡のかなめとした。

１９０４年の「露国ニ対スル宣戦ノ詔勅」は「韓國ノ存亡ハ實ニ帝國安危ノ繋ル所タレハナリ」と述べている。

今日「日本が朝鮮半島を保全しなければ日本が危ない」と説く人はほとんどいないであろう。だが当時、「韓国の存亡は日本の安全に繋がる」として戦争をしたのである。

同様の扇動は今日まさに行われている。

麻生副総理兼財務大臣（当時）は2021年7月都内で講演し、「台湾で大きな問題が起きると、間違いなく『存立危機事態』に関係してくると言っても全くおかしくない」と述べている。

台湾の帰属は日本存立の危機であるだろうか。まさに日露戦争時と同じ論法が使われているではないか。「知識人が先頭に立って人々を誘導している」現象が起こってはいないか。

台湾問題を議論していた時、国際情勢通を自称する人が台湾を守らなければならない理由として、「台湾海峡が中国の一部になれば日本への貿易が途絶える」と主張した。それで、「マラッカ海峡等を航行できない大型船はインドネシアのロンボク海峡を通っていますよ」と述べておいた。ロンボク海峡を通れば、台湾海峡は通らない。

## （4）日露戦争の際の夏目漱石の視点

夏目漱石は短編『趣味の遺伝』（1906年）の中で、「**陽気のせいで神も気違いになる。**〝人を屠りて餓えたる犬を救え〟と雲の裡より叫ぶ声が、逆しまに日本海を撼かして満洲の果まで響き渡った時、日人と露人ははっと応えて百里に余る一大屠場を朔北の野やに開いた」と書いている。日本人のほとんどは『坊ちゃん』とか『吾輩は猫である』とか『三四郎』を読んで感動を受けている。また日露戦争に関心もある。ではなぜ、夏目漱石の日露戦争観を読んだことがないのであろうか。

夏目漱石は戦争にいく決断を、「陽気のせいで神も気違いになる。〝人を屠りて餓えたる犬を救え〟と雲の裡より叫ぶ声」と書いている。

国家の為に死ぬことを求める政権には、夏目漱石の発言は困るのである。

## （5）宮沢賢治の視点

「雨にも負けず」

雨にも負けず　風にも負けず　雪にも夏の暑さにも負けぬ　丈夫なからだをもち（略）
東に病気の子供あれば　行って看病してやり
西に疲れた母あれば　行ってその稲の束を負い
南に死にそうな人あれば　行ってこわがらなくてもいいといい
**北に喧嘩や訴訟があれば　つまらないからやめろといい**

ここでは、喧嘩になった際に「一方の方が正しい、それを貫徹すべきだ」とは言っていない。岸田首相は2023年3月ウクライナを訪問した。その際、〝必勝しゃもじ〟をウクライナ側に贈呈したと報じられた。そして日本人の多くはこれを評価した。だがこれは宮沢賢治の精神ではない。

（注：ツイッターは文字制限のため、文章として問題を持つ。だがエッセンスを表現する。ウクライナ問題をめぐるツイッター上のやり取りを紹介する。
ヒダルゴ「唆しても、それに乗って先に殴った奴が一番悪い。ゼレンスキー大統領は民意を聞いて領土

保全のため頑張ってる。国の一部をもぎ取られて、ハイそうですかって言えますか?」

私「殴った奴が一番悪い。懲らしめてやれ。何、相手はナイフを持っていてお前は持ってない。ほらナイフやるよ、懲らしめてやれ。何血が出てきた。ほら止血してやるよ、お前は立派な奴だよ。悪ガキと戦ってくれているから。ナイフ壊れたらすぐ取り代えてあげるからな。」

どうでしょうか。)

## (6) 喧嘩両成敗の知恵 (ウィキペディアの解説)

中世後半になると、社会が不安定となり、境相論などを訴訟によらず実力によって解決(自力救済)しようとする故戦防戦が頻発するようになる。喧嘩両成敗とはこうした事態に対応するために、武断的・簡潔的に処理することを目的としたものである。その思想的背景には、中世の人々が双方の損害を等価にしようとする「平衡感覚」と「相殺主義」への強いこだわりが指摘される。当時の人々はやられた分をやり返すのは正当な行為だと考えており、過剰なやりかえしが引き起こす「復讐の連鎖」が止まらないことが珍しくなかった。ここでいう喧嘩とは、現代でいう少数人数による殴り合いなどといった狼藉事件のみを指すのではなく、本来の字義である「騒動」「喧騒」の意味であり、一族や村落を挙げた抗争事件や境界紛争なども意味している。**喧嘩両成敗は、紛争当事者同士の「衡平感覚」を考慮しつつ、緊急に秩序回復を図るための手段とも言える。**「問題を起こしたら双方を処分」するのではなく、「問題を武力で解決（故戦防戦）しようとしたら双方を処分」である。

## （7）孫子の知恵

・彼れを知りて己を知れば、百戦して殆うからず。彼れを知らずして己を知れば、一勝一負す。彼れを知らず己を知らざれば、戦う毎に必らず殆うし。
・用兵の法は、国を全うするを上と為し、国を破るはこれに次ぐ。
・十なれば、則ちこれを囲み、五なれば、則ちこれを攻め、倍すれば、則ちこれを分かち、敵すれば、則ちよくこれと戦い、少なければ、則ちよくこれを逃れ、若からざれば、則ちよくこれを避く。

戦うか、戦わないかは敵との相対的力関係を考慮しなければならない。

## （8）マクナマラの知恵

１９４０年、マクナマラはハーバード大学ビジネス・スクールの助教授になる。ここで、統計を中心に、企業経営の分析を空軍将校に教えた。第二次大戦が勃発し、何千という飛行機が戦争に投入された。この管理が問われる。軍にはまだ管理システムがない。ここでマクナマラが米軍に呼ばれ、管理システムの構築に参画した。対日空爆作戦にも関与した。

第二次大戦後、マクナマラを中心とする十人の「神童達（Whiz kids）」と呼ばれるグループが空軍管理システムを持って米国自動車会社フォード社に移籍し、企業経営に適用した。1960年マクナマラはフォード社の社長に就任する。

ケネディ大統領がマクナマラの才能に着目し、国防長官に指名した。マクナマラはフォード社で磨いた管理システムを国防省に導入した。マクナマラは戦略システムを完成させる。

マクナマラ理論は三つの段階に分けられる。第一段階：目標を明確に設定せよ。第二段階：目的達成の計画を作れ。第三段階：システム的に計画実施を管理せよ。

別表（次頁）の「マクナマラ戦略と経営」がマクナマラの戦略システムを明確に示している。マクナマラも自己の力の相対的位置によって、自己の戦略が変わることを指摘している。マクナマラ戦略は「孫子の兵法」を体系化したものといえる。

## （9）シェリングの知恵

シェリングは2005年、「ゲームの理論的分析を通じて紛争と協調への理解を深めた」功績でノーベル経済学賞を受賞した。

マクナマラ戦略と経営

**外部環境の把握**　如何なる環境におかれているか

- 消費者要求
- 競争状態
- 技術水準
- 一般経済
- 法的規制

**自己能力・状況の把握**　如何なる状況にあるか

- 保有資源
- 保有能力
- 投資状況
- 市場占有率

**将来状況の情勢把握**

**情勢判断**　自己の弱みと強みは何か

**課題：組織生存のために何が必要かという観点で集積し検討**

**目標提言**

**代替的戦略提言**

**選択**　意志決定
目標と戦略の決定

**任務別計画提言**

**計画検討・決定**　意志決定
具体的行動の決定

**スケジュール**　資源配分

（出典：馬淵良逸著『マクナマラ戦略と経営』より著者若干改訂）

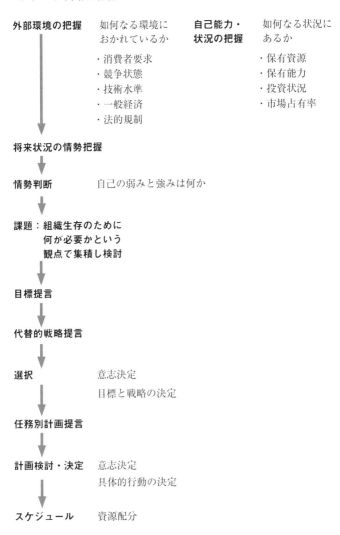

彼の論は次のようなものである。

「紛争をごく自然なものととらえ、紛争当事者が〝勝利を追求しあう〟ことをイメージするからと言って、戦略の理論は当事者の利益が常に対立しているとみなすわけではない。

紛争当事者の利益には共通性も存在するからである。実際、この分野（戦略）の学問的豊かさは、対立と相互依存が国際関係において依存しているという事実から生み出される。

当事者双方の利益が完全に対立し合う純粋な紛争など滅多にあるものでない。

戦争でさえ、完全な根絶を目的とする以外、純粋な紛争はない。

**〝勝利〟という概念は、敵対する者との関係ではなく、自分自身がもつ価値体系との関係で意味を持つ。**

このような〝勝利〟は、交渉や相互譲歩、さらにはお互いに不利益となる行動を回避することによって実現出来る。

相互に被害を被る戦争を回避する可能性、被害の程度を最小化する形で戦争を遂行する可能性、そして戦争するのでなく、戦争をするという脅しによって相手の行動をコントロールする可能性、こうしたものがわずかでも存在するならば、紛争の要素とともに相互譲歩の可能性が重要で劇的な役割を演じることになる」

彼の論も孫子に通ずる。

## (10) 枝村大使の知恵

枝村純郎氏は1932年生まれ、外務省官房長、在ソ連大使をされた外務省の先輩である。彼は外交について次のように述べている。

「**外交は価値観の違う世界であり、予測のつきがたい世界です。しょせん灰色で、はっきり黒と白で切ることができない。あるいは善玉だ悪玉だとは言い切れない。**そういう訳の分からないところでの勝負で、間違っているかもしれませんが、いつも五十一点を目指し、五十二点を目指し、なんとか四十八点、四十九点になることを避けるのが外交の役割だと思っています。

このような訳の分からなさが国際社会の現実であるということは、承知しておいていただければと思います。さらに言えば、こういう謙虚な認識が、ひいては、相手を尊重し、さらに相手のことを理解したいという国際親善の気持ちにもつながっていくものと考えます」。

外務省は入省すると海外の大学で研修する。枝村氏は外務省に入ってスペインで学ぶ。町を歩いていると、子供が後ろからついてきて「中国人、中国人」とはやす。観光地で様々な外国人が来る。イギリス人は「マレイシアから来たのか」と問う。英国はマレイシアを植民地としていた。フランス人は「ベトナムから来たのか」と問う。フランスはベトナムを植民地としていた。そのうち、太ったおばさんが「Which State」から来たのかと問う。「どの国から来たのか」と問われたと思ったら違って「どの州から来たのか。カリフォルニアか」という問いだった。枝村氏は日本人である。１００％日本人である。疑問の余地はない。それでも相手は自分の育った環境で枝村氏は何人かを考える。こうした経験で人の判断の危うさを感じ、「しょせん灰色で、はっきり黒と白で切ることができない。あるいは善玉だ悪玉だとは言い切れない」という価値観を持たれたのだと思う。

今日、日本での外交安全保障論はあまりにも白黒、善玉・悪玉論が多いのではないだろうか。五十一点を主張する外交論がどれだけあるだろうか。

## （11）歴史に学ぶ

米国歴史協会のサイトにピーター・スターンズ（Sterns）論評、「何故歴史を学ぶか」（Why Study History? 1998）が今日も掲載されていて、貴重な助言を与えている。

「歴史は人間や社会がどう動くかを示す倉庫である」

「人間の行動を実験するわけに行かない。歴史こそ実験室といえる。歴史だけが人間、社会の行動の広範な証拠を提供してくれる」

「人々が道徳的思考を強めている時、それを逆手にとって優位を築くことができる」

さて、我々にとって「歴史に学ぶ」貴重な教訓を与えてくれる代表例は真珠湾攻撃であろう。今日でも、米国では国際関係が緊張すると「真珠湾を想起せよ（Remember Pearl Harbor）の言葉が使われる。

真珠湾攻撃がどのようにして起きたか、その最重要の点は米国に誘導されたことにある。ドイツの侵攻によって、英国も含めた欧州全体がドイツに制覇される可能性があった。ルーズベルト大統領は米国が参戦することによってこの流れを止めたい。しかし米国には「中立法」があって参戦できない。米国・英国はドイツを挑発するがドイツは乗らない。そこで米国は「三国同盟」の一角、日本に米国を攻撃させ、それによって欧州戦線に参戦することを考える。

この問題は米国の動きを見る上で極めて重要であるので、幾つかの証拠を示したい。

・加瀬俊一の見方

開戦当時、東郷茂徳外務大臣の秘書官兼政務局6課（北米担当）課長と渦中にあった加瀬俊一は著書『平服の勇気』で次のように書いている。

「**11月25日のスチムソン陸軍長官の日記には〝第一撃を射させるような立場に日本を追い込むこと、これがなかなか難しい〟**」

・オリバー・ストーンはアカデミー監督賞を二度受賞する米国の代表的監督である。彼が『オリバー・ストーンが語るもうひとつのアメリカ史』という大作を書いた。ここに次の記述がある。

（１９４１年8月ルーズベルトはニューファンドランド島に飛びチャーチルと秘密会談を行った。ここで）ルーズベルトは、今すぐ戦争に参加して欲しいというチャーチルの要請は断った。だがチャーチルが会談後に語った言葉によればその裏に隠されたルーズベルトの真意を明らかにしている。

チャーチルによると、ルーズベルトは戦争を望んでいるが、自分から宣戦布告をすることはないと言った。そのため、ルーズベルトは**今後ますます挑発の姿勢を強めていく**ということだ。ドイツの気に障ることをやっていけば、いずれ相手側からアメリカに攻撃をしかけてくる。要するにアメリカは全力で戦争するための『きっかけ』を作ろうとしている。

この視点で戦後史をみると、様々な所で合点がいく。西部劇では最初に相手に撃つ動きをさせる。そして相手を殺害しても、如何なる背景があろうと、罪には問われない。

## ⑫「トゥキディデスの罠」の視点

トゥキディデスの罠とは、従来の覇権国家と台頭する新興国家が、戦争が不可避な状態にまで衝突する現象を指す。

グレアム・アリソン（ハーバード大学ケネディ行政大学院初代学長）は２０１７年『米中戦争

前夜』を書いた。その一部を紹介する。

・現在ワシントンでは、戦略的思考は過少評価されるか、嘲笑されることすらある。たとえばクリントン大統領はかつて、世界は急速に変化しており、外交政策には一種のジャズ、つまり即興が必要だと言った。

オバマ大統領は、「現代のスピードを考えると、私には、ジョージ・ケナンさえも必要ない」という最も愚かなコメントの一つを残した。戦略を慎重に練れば成功するというものではないが、一貫性のある持続的な戦略がなければ、外交は失敗すると決まっている。

**現在のワシントンの対中アジェンダの手がかりになっているのはNSC68でもNSCDD75でもなく、政治的なアピール力のある壮大な野心だ。**

**アメリカには戦略など存在せず、あるのは希望に過ぎない。**（つまり単なるwishful thinking——希望的観測——であるといいたいのであろう。）

・古代ギリシアの二大都市国家（アテネとスパルタ）間の競争は、なぜ、それぞれが最も大切にしていたものを破壊する戦争に発展したのか。トゥキディデスによると、その根本的な原因は、新興国（ナンバー1の座を脅かす国）と覇権国（ナンバー1の国）の間に生じた大きな構造的ストレスにある。アテネとスパルタの競争がヒートアップするにしたがい、**それぞれの国内で**

**強硬派の声が大きくなり、プライド意識が強まり、敵の脅威論が高まり、平和を唱える指導者は厳しく批判されるようになる。**トゥキディデスによれば、このダイナミクスを戦争に発展させる原因は三つある。それは国益、不安、名誉だ。トゥキディデスは「不安」を挙げることで、事態に影響を与えるのは構造的要因だけではないことを想い出させる。**客観的状況は人間が認識するものであり、その認識は、私達の感情というレンズに左右される。**

（注：アリソンは米中関係について言及しているが、この心情は日中関係にも該当する。中国が日本の経済力を抜いた頃から〝国内で強硬派の声が大きくなり、プライド意識が強まり、敵の脅威論が高まり、平和を唱える指導者は厳しく批判される〟ようになる。）

## (13)「地球が異星人の侵攻を受けたら、ソ連とアメリカはどう対応するか」

２００９年４月24日、クリスチャン・サイエンスモニター紙は「レーガンとゴルバチョフはＵＦＯと戦うことに合意（Reagan and Gorbachev agreed to fight UFOs)」という記事を掲載し、その中でゴルバチョフの次の言葉を紹介している。

「(ジュネーブ会談の際、二人のリーダーが会談の場所から席を外し近くの小屋に向かって歩いた。その時）レーガンが、突然、自分に〝米国が宇宙からの誰かに突然攻撃されたら貴方はどうするか。貴方は私を助けるか〟と問うたので、自分（ゴルバチョフ）は〝（自分が助けることに）何の疑問もない〟と答えた。そしてレーガンは〝われわれも（そう）するよ〟と述べた」。

素晴らしい会話だと思う。対立はある。しかし対立よりもっと重要な問題があれば協力しあうことを確認しあったのだ。それは「平和を維持すること、互いに核兵器を使わないこと」であったのであろう。レーガンは大統領として名優であったが、どこかに脚本家がいた。

この問いは２０１５年になっても繰り返されている。スミソニアン・マガジンが「レーガンとゴルバチョフが宇宙人の攻撃の時には冷戦を一時中断に合意」（Reagan and Gorbachev Agreed to Pause the Cold War in Case of an Alien Invasion）と報じた。

宇宙人との闘いでなくてもよい。戦争をするよりは協力することの価値は必ず存在する。

今から顧みると、２０１５年スミソニアン・マガジンがこれを報じたことには意義がある。２０１４年ウクライナで「マイダン革命」が起こる。これを契機にウクライナの中立的な政権が、反露、親西欧路線を出し、米国政府が支援した。今日のウクライナ戦争の源流ともいえる。

２０１４年キッシンジャーは以下の警告をしている。

・ウクライナは西側に参加するか東側に参加するかの決戦場とされてきた。
・ウクライナが生き残り繁栄するとすれば、いずれかに対峙し、いずれかのサイドにつく前哨になるべきではない。それは両者のブリッジとして機能すべきである。

・ロシアにとってウクライナは決して単なる外国ではない。ロシアの歴史はキエフ大公国(Kievan-Rus)で始まる。ロシアの宗教はそこから拡大。ウクライナは何世紀もロシアの一部。ソルジェニーツェン等もウクライナは、露の歴史、そして露の一部とみなしている。

・ウクライナ人は複雑な歴史を持ち、多国語的構成を持つ国に住む。西部は1939年にソ連に組み入れられた。西部は大部分カトリックで東部はロシア正教。西部は大部分ウクライナ語を話し、東部は大部分ロシア語。ウクライナの一方が他方を支配しようとすると内乱か分裂になる。

・ウクライナは独立し23年である。それ以前は14世紀から何らかの外国支配。ウクライナ人が妥協の技術、更には歴史的視野を学んでこなかったとしても驚きではない。

・ロシアは自分を孤立化する事なしに軍事的解決を課すことはできない。

・ウクライナは経済、及び政治的同盟を選ぶ権利を持つべきだ。だがウクライナはNATOに参加すべきではない。

スミソニアン・マガジンが「レーガンとゴルバチョフが宇宙人の攻撃の時には冷戦を一時中断に合意」の記事は偶然、2009年の史実を思い出して書いたのではないだろう。

筆者は今日の「ウクライナ戦争」のきな臭さをキッシンジャーと同じくかぎ取っていたのだ。

その時期に「米ロの協調が重要でないですか」を間接的に主張する論評となっている。

## (14) アメリカとは何か

私達はすでに、孫子の「彼れを知りて、己を知れば、百戦して殆うからず。彼れを知らずして己を知れば、一勝一負す」を見た。

今日、国際政治を動かしているのは米国である。「彼れ」を最も知らなければならないのは米国である。だが、この米国を我々はしばしば読み間違える。どこで読み間違えるか。米国は民主主義国家である。「時の推移に影響されない普遍的な価値」の上に作られた国と思うだろう。だがそうではない。アメリカの民主主義は「その場に根差す民主主義（on the spot democracy）」である。

「on the spot democracy」とは何か。私がカナダ人に教えられ『カナダの教訓』に記載したことを記す。

「米国とカナダの違いを見る時、ゴールデンラッシュ時代の紛争の処理を見るのがいい。その土地で紛争が生じたとしよう。カナダでは連邦から警察官が派遣され、連邦の法に従って処理する。では西部のアメリカの町はどうか。皆が酒場に集まる。そこに集まった者が、検事、弁護士、裁判官の役を担う。結論が出る。それが全てである。今日も各地方で裁判官、検事、警察署長、些細な職まで選挙する。その場で権力を持つ者の判断が全てである。新しい大統領の下で新しい政権ができる。その判断が全てである。政権の連続性はない。極端にはしりやすく、感情に左右され、すべての事案に当てはまる客観的基準がなく公平性に欠ける」。

私は駐イラン大使時代、ある少人数の国際会議に出た。米国のエネルギー担当次官が発言し、これに対し私は「私は現場にいるのでわかっているつもりだが、貴方のイラン観は少し違うのでないか」と言った時の返事が「我々はそう思っている。それで終わりだ」というものだった。これには驚いた。だがこれがアメリカなのだろう。彼にしてみれば、「客観性の問題ではない。俺は次官だ。その俺の発言がイランの客観情勢を決める」というものだ。

「どちらの判断が客観情勢に近いか」が問題ではない。「どちらがより大きい力を持っているか」が問題である。実はこの風潮は日本でも露骨に出始めて、それを公然と出し始めたのが菅官房長官であったろう。

## (15) アイゼンハワーの国民への離任演説——1961年1月17日

アイゼンハワーは1953年1月から1961年まで米国大統領。第二次大戦中はヨーロッパ戦域の連合国軍最高司令官。

「私達は意見の相違を、武力ではなく、知性と慎み深い意志をもって調停する方法を学ばなければなりません」。（注：彼の大統領離任演説は後言及する。）

## 総括

幾つかの視点を見た。これらの視点は現代の様々な問題を「どうとらえ、どう行動するか」の指針となる。

# 第二章　最近の動向

## （1）反撃能力、敵基地攻撃をどう考えるか

岸田政権は２０２２年12月、安保関連三文書の閣議決定をした。三文書中、国家安全保障戦略と国家防衛戦略は、敵のミサイル発射基地などをたたく反撃能力を保有することを明記している。反撃能力は従来、敵基地攻撃能力と呼ばれてきた。安保関連三文書の改定を受けて、日経新聞が行った世論調査では、５年間で防衛力を強化する計画を支持するとの回答が55％で、支持しないが36％である。

日本の多くの人はこれで日本の安全が高まったと思っているようだが、全く逆である。

戦争の歴史で、敵基地攻撃が戦術的に最も成功したものに、真珠湾攻撃がある。米国の戦艦、爆撃機等に多大な損傷を与え、米側戦死者は２３３４人に上る。確かに敵基地攻撃は成功した。

しかし当時の両者の国力は1対10くらいの格差があり、結局日本は軍人212万人、民間人は50万人から100万人の死者を出し降伏した。敵基地攻撃の大成功は日本国民の破滅につながった。

敵基地攻撃だけで優位に立てないのは、今日の戦闘でも同じである。

ウクライナ戦争はまだ戦闘継続中である。最終的な決着の確たる姿はまだ明確ではない。従って戦闘中の一断片として紹介したい。2022年12月26日ロシア中部のエンゲリス空軍基地にウクライナ軍のドローン攻撃があり、3人死亡した。ある種の敵基地攻撃の成果である。それでどうなったか。この時期までロシア軍は大々的な民間施設の攻撃には躊躇していた。だがウクライナのロシア空軍基地への攻撃を契機にロシアは方向転換し、12月29日、ウクライナ全土に、電力、輸送などのインフラ施設を主体に計120発のミサイル攻撃を行った。敵基地攻撃であるロシア空軍基地への攻撃は激しい攻撃を誘発している。

つまり、かなりの戦力差がある時、敵基地攻撃ではその差を根本的に解消することはできない。日本における敵基地攻撃論者は、敵基地攻撃によってこの差を逆転できるような幻想を持っている。

## （2）中国と北朝鮮に敵基地攻撃を行ったらどうなるか

中国は日本を攻撃しうる2千発以上のミサイルを配備していると言われ、核兵器を搭載しうる。北朝鮮も日本を射程圏内にいれうるミサイルを２００発から３００発配備している。

敵基地攻撃を主張する人（防衛省関係者を含む）に次を聞いてみて欲しい。

①仮想敵国は日本を攻撃するミサイルを何発保有していますか
②そのうち何発が実戦配備され、何発の配置場所を正確に把握していますか
③「敵基地攻撃」で何発破壊できますか
④「敵基地攻撃」をされた仮想敵国はどのような報復攻撃をすると思いますか

秦剛外交部長は２０２３年3月7日、全国人民代表大会第一回会議時記者の質問で米中関係につき次のように述べている。

「米国の言う〝競争〟とは、中国を全面的に抑圧するゼロサムゲームだ。〝ガードレールを作る〟や〝衝突しない〟というのは、中国に対し、**殴られても殴り返さず、罵られても言い返さないよう押し付けることだ。それは決して実現できない**」。

中国は殴られたら殴り返す。「敵基地攻撃」を主張する人々で、中国や北朝鮮がどのような形で殴り返すかについて言及した人がいるか。それはほぼすべての日本人にとって耐えられない破壊となる。

被害を考慮した時、「敵基地攻撃」はとても日本の戦略と言えないお粗末なものである。日本が今後防衛費をＧＤＰ比２％にしたところで、軍事衝突では日本は必ず負ける。我々は必ず負ける軍事行動に行くのではなく、いかに紛争にならないかを考えるべきである。

## （3）今一度孫子に学ぶ

すでにみてきたことであるが、戦略の古典に孫子の兵法がある。中に次の記述がある。「軍隊を運用する時の原理原則として、自軍が敵の10倍の戦力であれば、敵を包囲すべきである。5倍の戦力であれば、敵軍を攻撃せよ。敵の2倍の戦力であれば、相手を分断すべきである。自軍と敵軍の兵力が互角であれば必死に戦うが、自軍の兵力の方が少なければ、退却する。敵の兵力にまったく及ばないようであれば、敵との衝突を回避しなければならない。だから、小兵力しかないのに、無理をして大兵力に戦闘をしかけるようなことをすれば、敵の餌食となるだけのこととなる」。

安保関連三文書の動きは本質的には「小兵力しかないのに、無理をして大兵力に戦闘をしかけるようなことをすれば、敵の餌食となるだけのこととなる」状況である。

安全保障の関係者であれば、少なくとも自分の主張が「孫子の兵法」との関係でどこまで妥当性を持つかくらいは考える必要がある。

## (4) 三手先を読む知恵

将棋の世界では藤井聡太氏が破竹の勢いである。彼の強さについては様々な側面が指摘されているが、特筆すべきは終盤力である。終盤力には相手がどう出るかということと、それに対する対応の正確性が問われる。そして彼の終盤力の強さは、彼の詰将棋の強さに由来すると言われる。彼はここで圧倒的な力を示しているのだ。

囲碁で名人の座にある芝野虎丸氏は毎日百題の詰碁を解くという。

詰将棋は自分がこう打つ、それに相手はこう応じる、それに対して自分はこう対応する、それに相手はこう応ずる……という順を繰り返し、相手の玉を詰ますプロセスである。囲碁であれ、将棋であれ、初心者が必ず勧められるのが「三手詰め」である。自分がこう打つ、相手が応ずる、それに自分が応じて相手を詰ます。

つまり相手の動きにどう対応するかの訓練である。

それは外交、安全保障の場合も同じである。

しばしば「自分はこうする」とだけ主張する人がいる。残念ながら今日の日本の外交・安全保障政策はそうなっている。すでに言及したことだが、敵基地攻撃を主張する人の中に、「日本が敵基地攻撃をした時に相手国はこうしてくる。しかしそれは日本に大丈夫だ」と二手ですら述べている人がいない。

私達はアリソン教授が「現在ワシントンでは、戦略的思考は過少評価されるか、嘲笑されることすらある。現在のワシントンの対中アジェンダの手がかりになっているのは政治的なアピール力のある壮大な野心だ」と述べているのをみてきたが、まさに戦略なき政治的野心のみで議論されているのでないか。

## （5）柳谷謙介氏の助言「二の矢三の矢」

柳谷謙介（1924年－2017年）は元外務事務次官である。彼は『こころの地球儀』に次を記している。


要人の会談には一種の手順がある。

通常双方が用意した発言を述べ合う。矢合わせ（平安時代から南北朝時代にかけて行われた戦闘の開始を合図する行為である。軍の総大将が鏑をつけた矢を放ち、その後に相手の総大将が答えの矢を返す）である。

やがて二の矢が放たれる。ここらで会談は実質的な段階に入る。先方発言の一部を捉えてコメントしたり、自分の意見を整理したり、自分の意見を補足したり、さらに詳細な論理を展開したりする。

三の矢が放たれるのは、会談がいよいよ佳境に入った時である。この段階では、話題が事前に想定した範囲を大きく超えることもまれではない。席を食卓に移すと、会談の中身も最近読んだ書物の感想から歴史、社会、文化の広い範囲に及ぶ。

私は、エセーニンやアンナ・アフマートヴァ等の詩人、ソルジェニーツィン等の作家、ショスタコーヴィチの交響曲『レニングラード』等に接することなくして、ロシア・ソ連を理解することはできないと思っている。

残念ながら自分の思いだけを述べる「一の矢程度の外交」で終わっているのが最近の日本外交でなかろうか。

## (6) 二手目の読みで失敗した例① 真珠湾攻撃

何十手も先を読むのは至難の業であり、人間の頭では不可能だ。しかし自分がこうする、その時には相手がこうするという読みくらいは比較的簡単なはずだ。

それでもここで致命的な間違いを犯すケースが多い。真珠湾攻撃の例を見てみよう。

一手目、攻撃で相手に打撃を与える。見事な成果を上げた。ついで米国はどうするか。

ここで致命的な失敗を行っている。

私は1993年に出版し、山本七平賞を受賞した『日本外交 現場からの証言』でこれについて書いたので、引用してみたい。

萩原徹(元駐仏大使)著『大戦の解剖』は次の記述をしている。

「日米開戦を振り返って一番驚くことは、戦争のはじめから、この戦争に対する考え方が相違していたことである。日本は、この戦争はある程度頑張っていれば、向こうが嫌になって戦争が終わると考えていたのに対して、アメリカ側ははじめから、あくまで東京を占領して、再び日本が侵略を犯しえないようにしなければならないと考えていたのである。

当時の当局の考えがいかに虫の良いものであったかは、『対米英蘭戦争終末促進に関する腹案』といういかめしい副題で『アメリカは民主主義の弱点から全力を挙げた攻撃はできず、結局当初の占領地の相当部分を日本が保有することを認めて妥協するだろう』という驚くべき楽観的見通しをしている」

日本の対外姿勢で顕著なのは、「情報」を基礎に政策をだすのではなく、まず自分の利害で「政策」を決め、それに合致する「情勢分析」をもってくる点にある。

ただ、真珠湾攻撃は少なくとも二手目を考えるふりをしている。

私は今日日本の政策となっている「敵基地攻撃」や「反撃能力」について、すでに次を指摘した。

「敵基地攻撃を主張する人（防衛省関係者を含む）に次を聞いてみて欲しい。

①仮想敵国は日本を攻撃するミサイルを何発保有していますか
②そのうち何発が実戦配備され、何発の配置場所を正確に把握していますか
③「敵基地攻撃」で何発破壊できますか
④「敵基地攻撃」をされた仮想敵国はどのような報復攻撃をすると思いますか

問④の「敵基地攻撃をされた仮想敵国はどのような報復攻撃をすると思いますか」について、政府側の然るべき見解を見たことがない。

今日の日本の安全保障を論ずる姿勢が、いかに劣化しているかを示すものである。

## （7）二手目の読みで失敗した例②　ウクライナ戦争を起こしたロシア

2022年ロシアはウクライナ侵攻をした。戦車がウクライナの首都を目指し集結した。ほとんどの人々はウクライナの首都はすぐに陥落すると思った。だがそうはならなかった。

ここでロシアとウクライナの兵力比較を行ってみよう。

〈２０２３年におけるロシア・ウクライナの軍事力比較〉（出典「Comparison of the military capabilities of Russia and Ukraine as of 2023」Statistica）

| 項目 | ロシア | ウクライナ |
|---|---|---|
| 推定全兵員数 | 1,330,900 | 500,000 |
| 実働兵士 | 830,900 | 200,000 |
| 予備役 | 250,000 | 250,000 |
| 準軍事（Paramilitary） | 250,000 | 50,000 |
| 空軍力 | – | – |
| 航空機総数 | 4,182 | 312 |
| ヘリコプター | 1,531 | 113 |
| 戦闘機 | 773 | 69 |

こうした軍事力の比較をみてロシア軍はウクライナ軍を一気に制圧できると思った。だがそうはならなかった。

戦争が開始して「イエルサレム・ポスト」が「ウクライナでのロシアの損失はアフガンでの損失を上回る。ウクライナ軍参謀本部の発表を引用しアフガン戦争でのソ連軍人員の損失は

15051人、ウクライナでのロシア軍損失は15300人。戦車損失はアフガンで385台、ウクライナで500台」と題して被害状況を報じた。

| | | |
|---|---|---|
| 戦闘場所 | アフガニスタン | ウクライナ |
| 期間 | 25.12.1979-15.02.1989 | 26日間 |
| 死亡兵員 | 15,051 | 15,300 |
| 損傷戦車 | 385 | 500 |
| 損傷航空機 | 118 | 99 |
| 損傷ヘリコプター | 400 | 123 |

何故、ロシア軍はウクライナでこうした甚大な損害を得たのか。

実は、米国は相当前からロシアのウクライナ侵攻を予測していた。それでロシアの侵攻前、少なくとも17000の対戦車ミサイル「ジャベリン」がウクライナに輸送されていた。「ジャベリン」は三脚で地上に設置し、最大有効射程4000mである。目標をロックオンすると熱線画像イメージ（熱を発する物体を画像化する）をミサイルが記憶し攻撃する。更に米国は、携帯式防空ミサイルシステム「スティンガー」を提供した。主目標は、低空低速で飛行するヘリコプター、対地攻撃機等で、低空飛行中の戦闘機、輸送機、巡航ミサイルなどにも対応できる。有効射程は

4㎞である。

これら兵器はいずれも携帯可能な兵器である。従って仮に上空のスパイ衛星で地上を探っても把握できない。

米国が新型兵器を提供しているという事実を把握せず、戦車や戦闘機などの優位性に依存したロシアが大きな過ちを犯すこととなる。

## (8―1)平和国家・憲法の基礎、「戦争をしない」は幣原喜重郎首相のイニシアティブ

私達が平和を考える時、その出発点は憲法である。

憲法の作成は連合軍最高司令官マッカーサーの主導で行われた。改憲論者はしばしば「自主憲法」と主張する。だが、平和を守る根幹の憲法九条は当時の首相、幣原喜重郎の発案である。

①幣原喜重郎自身の説明

幣原喜重郎はさらにみずから、その著『外交50年』(読売新聞社、1951年)に次のように叙述している。

私は図らずも内閣組織を命ぜられ、総理の職に就いたとき、すぐに私の頭に浮かんだのは、

あの電車の中の光景で乗客の一人が政府は国民の知らぬ間に戦争を引き起こし、また降参したのはけしからんと言ったところ、多くの乗客がこれに呼応したことであった。

　これは、何とかしてあの野に叫ぶ国民の意思を実現すべく努めなくちゃいかんと、堅く決心したのであった。それで**憲法の中に、未来永ごうそのような戦争をしないようにし、政治のやり方を変えることにした。つまり戦争を放棄し、軍備を全廃して、どこまでも民主主義に徹しなければならんということは、外の人は知らんが、私だけに関する限り、前に述べた信念からであった。**それは一種の魔力とでもいうか、見えざる力が私の頭を支配したのであった。

　よくアメリカの人が日本へやって来て、こんどの新憲法というものは、日本人の意思に反して、総司令部の方から迫られたんじゃありませんかと聞かれるのだが、それは私に関する限り、そうじゃない、決して誰からも強いられたんじゃないのである。

②マッカーサーの米国議会証言

幣原平和財団『幣原喜重郎』（１９５５年）は「１９５１年5月5日の米議会上院軍事外交合同委員会公聴会での証言」についてマッカーサーの発言を次のように記述している。

　幣原首相は『長い間熟慮して、この問題の唯一の解決は、戦争を無くすことだという確信にいたり、ためらいながら軍人のあなたに相談に来ました。なぜならあなたは私の提案を受け入れないと思うからです』『私はいま起草している憲法に、そういう条項を入れる努力をしたい』といった。

私は思わず立ち上がり、この老人の両手を握って『最高に建設的な考えの一つだ』『世界はあなたを嘲笑するだろう。その考えを押し通すには大変な道徳的スタミナを要する。最終的には（嘲笑した）彼らは現状を守ることはできないだろうが』。私は彼を励まし、日本人はこの条項を憲法に書き入れた。

（注：マッカーサー発言は米国議会議事録で検索は可能であろうが、一般的にはなかなか見つからない。手頃なものとして、出所の正確さは不明であるが、次に記載がある。（https://cojmowe.jimdofree.com/main-documents-which-should-be-nominated-and-references/）

憲法九条の発案は日本の首相幣原喜重郎である。それは「未来永ごうそのような戦争をしないようにし、政治のやり方を変える」という発想に、基づくものである。

## （8－2）自衛隊誕生の契機は、朝鮮戦争時に日本に武力集団を作らせ派遣する構想

憲法制定時の首相幣原喜重郎は「未来永ごうそのような戦争をしないようにし、政治のやり方

を変える」という考えを持ち、それが憲法九条となった。

憲法九条を見てみよう。

第九条　日本国民は、正義と秩序を基調とする国際平和を誠実に希求し、国権の発動たる戦争と、武力による威嚇又は武力の行使は、国際紛争を解決する手段としては、永久にこれを放棄する。

2　前項の目的を達するため、陸海空軍その他の戦力は、これを保持しない。国の交戦権は、これを認めない。

この条文は幣原喜重郎の構想と何ら矛盾していない。

しかし今日、自衛隊が存在する。「陸海空軍その他の戦力は、これを保持しない」とは矛盾する。どうしてなのか。日本国内で「やはり軍備を持たなければならない」という認識が出て、それが出発点になったのではない。占領下、米国は警察予備隊（自衛隊の前身）で日本を武装させ、それを国会の議論を経ず、法律でなく政令で決めている。

この間の事情を知っておくことは、何故日本が憲法の条項と矛盾する自衛隊を持つに至ったかを知る上で不可欠である。

この事情を私の『朝鮮戦争の正体』で見てみたい。

１９５０年６月25日北朝鮮軍、38度線突破、７月８日マッカーサーが吉田首相に警察予備隊の設立を指示、８月10日警察予備隊令（政令）が出る（国会での審議を踏まえての法律ではない）。「日本の武装集団を作って、それを朝鮮戦争に持っていく予定であった」と書くと「陰謀論」と言われるので、関係者の発言を見てみたい。

警察予備隊は、その後自衛隊になっていくステップを踏みますが、一応〝警察〟予備隊です。したがって、警察予備隊の運営の中核は、警察官僚が担います。

この当時警察予備隊の中心にいて、この組織が場合によっては朝鮮戦争に使われることに対し、不安を持っていた人物は少なくとも三名います。後藤田正晴、内海倫、加藤陽三氏です。

ケース① 後藤田正晴

後藤田正晴（１９３９年に内務省に入省。１９４０年３月に陸軍に徴兵され１９４１年10月には陸軍主計少尉に任官。台北で終戦、台湾に中国国民政府軍が進駐し、翌年の１９４６年４月まで捕虜生活。１９６９年警察庁長官、１９８２年第１次中曽根内閣で内閣官房長官。警察予備隊設立時には、警備課長）

（アメリカの本当の狙いは何だったと思われますか）

部隊の性格は、米軍のあとを埋めての警察の支援部隊としての警察予備隊ですが、指令が内閣を経て私のところ（警察予備隊警備課長）に回ってきたのです。私は編成担当ですから編成表を見た。その時私は、これはアメリカの歩兵師団そのものだなとすぐ分かった。。。。その中に、冷凍中隊というのがある。これは分からなかったんです。何かと思って聞いてみたら、戦死者の内臓を取って冷凍して本国におくるんですね。火葬しない。文字通りこれは野戦に連れていく予定ですよ。それで僕らも最初からマッカーサーは、朝鮮で手こずっているから、僕らをまた連れていくんじゃないか、と思ってたんですよ。（出典：『情と理——後藤田正晴回顧録〈上〉』講談社、1998年）

ケース②　内海倫

内海倫（1941年に内務省に入省、海軍主計少佐、警察予備隊本部警務局教養課長、1970年防衛事務次官）

「後藤田さんが〝内海君、一遍アメリカの倉庫（予備隊用）を見せてもらわにゃいかんな〟ということで、そのことをCASA（民事局別室）に申し入れた（注：装備は全て米側が準備）。。。視察した人達の報告をまとめてみると、たとえば七万五千人の隊員に対して、七万五千着の一人用テントが山ほど積んであるとか、食糧品の何とかは二十万人分とか、薬品は怪我をした時の包帯などや、防毒用のサックが何万ダースとか用意されている。戦地へ行った場合に病気にかかったりしないように。

要するに、アメリカの海外に派遣する軍隊が用意するものが、武器は別として警察予備隊の装備品として用意されていることは、まかり間違ったら朝鮮戦線に持っていく位のことを考えていたものかと僕らは想像したけれども、然し、表ではアメリカは決してそういうことはいわない。。。。。。どう考えても警察予備隊、あるいは、大きな警察を作るのではなくて、野戦に対応できる、第一線で戦争できる武力組織をつくるとしか考えられない。（出典『内海倫　オーラル・ヒストリー』防衛研修所、２００８年）

ケース③加藤陽三

加藤陽三（１９３４年内務省入省、１９５０年8月、警察予備隊本部人事局長、１９６３年防衛事務次官）

○加藤陽三「日記」（昭和25年7月21日）

二時半、ＧＨＱ（連合国軍最高司令部）のＰＳＤ（公安課、Public Security Division）に招致され、初めて予備隊について説明を聞いた。軍隊といってよい。しかも米国の要請に応じて使用される虞れが多分にある。

○「日記」（昭和25年7月25日）

午後、労働大臣（保利茂）官邸で昨夜に引き続いて予備隊の問題を審議した。自分はこれが米国の傭兵であってはならないことを主張した。

（出典：大嶽秀夫編『戦後日本防衛問題資料集第一巻　非軍事化から再軍備へ』）

日本の安全保障と言いながら、その実はアメリカが主導し、アメリカの戦略の中で動く構図が朝鮮戦争の時に出来ている。そしてそれが今日まで継続している。

## （9）今西錦司の知恵「棲み分け」

私たちは国際社会を見る時、多くは誰が覇権を握るかで語る。

日本もまたこうした覇権争いに参画してきた。日清戦争、日露戦争、第二次大戦と戦いに参画した。第二次大戦後、日本は経済大国になり、１９７９年、ハーバード大学教授エズラ・ヴォーゲルが『ジャパン・アズ・ナンバーワン』を記載した。日本車は米国の自動車産業を潰し、鉄鋼は米国の鉄鋼産業を潰し、ニューヨークの象徴的建物「ロックフェラー・センター」を三菱地所が買い、ソニーが米国の文化の象徴である映画分野でコロンビア会社を買収した。１９８０年末、米国では経済分野でいかに日本を潰すかがハイレベルで真剣に検討された。

しかし、日本が世界の覇権争いに参加する可能性はいまやなくなった。中国、インドなどの新興国が巨大な人口を背景に、科学技術分野の発展に追い付き主導する状況を形成した。日本にこの流れを返す力はない。

その時、日本はどう生きるのか。興味深いのは今西錦司の知恵「棲み分け」論である。「文春オンライン」は『アメリカの資本主義は富有階級の独裁政治にすぎない…新自由主義の危うさに気づいた田中清玄が仕掛けた異色の対談』で解説している。

（今西で）有名なのが、自宅近くの鴨川で、水生昆虫カゲロウを観察し、『棲み分け』理論を唱えたことだ。数種類のカゲロウは、川の中でばらばらにいるのでなく、流れの遅い川岸から速い流心へ、秩序を持って分布していた。

これが、異なる環境に、生物が住む場所を分かち合う『棲み分け』理論につながる。そして、自然淘汰、適者生存を用いた英国の科学者、ダーウィンの進化論を批判するようになった。今西本人の弁はこうだ。

「この地上に生物の種類がいくらあろうとも、それらはみな種ごとにそれぞれ自分に最も適した生活の場というものを持っていて、その場所に関するかぎりは、その種がそこの主人公なのである。言い換えるならば生物の種類がいくらあろうとも、それらはそれぞれにこの地上を棲み分けている。進化とは、この棲み分けの密度が高くなることである。このように種と種は棲み分けを通して共存している。しかるに種と種が抗争することによってこの棲み分けを破壊するようなことが許されてよいものだろうか」（「私の履歴書」）

市野隆雄（２００３）『今西錦司の生物学――壮大なフロンティア精神の現代的意義、科学73(12)』を見てみよう。

生活形のよく似た種が別の環境にすみわけているという現象を、今西は渓流の石表面にすむ昆虫、カゲロウ類を観察する中で見いだした。複数種のカゲロウ幼虫は、水温に応じて上流と下流という大地域的なすみわけをおこない、また同じ上流でも流速の速い場所と遅い場所というように小地域的なすみわけもおこなっていた。このように複数の近縁な種が少しずつ生息場所を違えて共存するという現象自体は、欧米でもすでに観察されていたが、今西のすみわけ理論のユニークな点は、それを種間競争の結果とみるのではなく、２種が「相対立しながらも相補的（協調的）にお互いの生活をなり立たせている結果である」と解釈するところにある。具体的には、カゲロウは他種と争って場所の奪い合いをするのではなく「（ある流速の場所に対応した）ある適当な大きさの石」があることや、「同種の仲間が近くにいる」ことなどによって、「各個体があらかじめ知っている、種ごとの生活の場」へ居つくと考えるのである。そして、このようなすみわけは、種社会の間だけでなく、生活形を同じくする複数種のまとまりとしての生活形社会同士の間でも見られ、生物全体社会はこのようなすみわけの重層構造からなっている、とするのが今西の生物社会構造論である。このような今西のすみわけ理論や、彼をめぐる研究グループの野外での研究スタイルは、当時の若手研究者に強い影響を与え、日本独自の野外昆虫生態学がその後発展する契機となった。英語圏での研究の流れとは独立に、日本では50〜80年代にかけて野外の開放系における昆虫の生息場所選択重視の個体群研究が次々におこなわれ、世界的にもユニークな学問の流れを形成した。これらの研究は、競争を否定はしていない。しかし実際の野外では、直接的な種内競争がおこる前に、各個体は自分の居場所を変えて移動しており、それが競争回避と昆虫個体数の安定化につながっている。日本の研究者らはそのことを重厚な野外データにもとづいて次々と示していった。このような昆虫の移動分散に注目した研究は、英語圏でもこれより少し遅れておこなわれるようになっていった。しかし重要な点は、日本での研究が、欧米の追随ではなく、今西と、より直接的にはその初期の共同研究者であった森下正明の強い学問的影響下で、独自におこなわれていったという事実である。

ひるがえって種間のすみわけについてのその後の研究展開はどうだったか。これは今西とは独立に、もっぱら欧米の研究者によってすすめられたと言わざるを得ない。しかもそれは大々的におこなわれ、60年代から70年代にかけて世界の生態学界の中心的なテーマとなったのである。また80年代になると、競争によるニッチ分化（すみわけや食いわけとほぼ同義）が自然界でどれほど普遍的なものかということについての論争が盛りあがった。この時代をつうじて多くの研究者がすみわけ的現象を記載し、すみわけのおこるメカニズムを科学的に論議したが、それらの中には今西の観察したカゲロウと同様、競争の認められなかったものもあれば、花蜜をめぐるマルハナバチ類の種間関係のように競争が検出されたものもあった。それらの事例をわかりやすく類別すると以下のようになる。

1．現在、種間競争がおこっている事例。2種が共存している地域では一方の種が他方を排除することにより、見かけ上の「すみわけ現象」が認められる。

2．現在、種間競争はおこっていない事例。これは以下の3つのパターンに細分できる。

2－1　他種との競争を回避して別の場所を選ぶような個体の性質が自然淘汰の上で有利となり、互いにすみわける性質が進化した。その結果、現在では直接の競争が事前に回避されているというもの。（過去には競争あり）

2－2　過去の種間競争によって、多くの種が消滅し、現在残っているのはもともと生息場所を異にする種のみである。その結果、一見すみわけているように見えるもの。（過去には競争あり）

2－3　2種それぞれがどのような生息場所を選好するかは、競争とは無関係な、別の要因によって自然淘汰を受けて決まってきたものである。現在、すみわけているように見えるのは単なる偶然にすぎないというもの。（過去にも競争なし）

今西のすみわけ理論は、競争を完全に否定する点において上記の2－3に近い。しかし「すみわけは互いの相補的共存によってなり立っている」として、共存する他種の存在を重視する点で2－3とも異なる。60～70年代の英語圏では、主に野外でみられるすみわけの重なり具合などのパターンを理論的に分析することによって、種間競争の普遍性（上記1）が強調された。しかし80年代に入って自然界で実際の競争が検出される事例が実はそれほど多くないことが指摘されるようになり、また、過去の競争の結果として現在のすみわけが成立しているのかどうかについても（上記2－1や2－2）、対象生物によっては全く競争の影響が認められない場合も多いことがわかってきた。

こうした研究動向は、種間競争が、群集の構造を決める上で普遍的に重要とはいえないことを示している。今西の直観によるすみわけ理論は、その意味では真実に迫っていたといえるのかもしれない。しかしここで重要なのは、欧米では新たな科学的方法論の確立によって上記の諸研究が実証的におこなわれたという点である。その方法論の一つは、野外で競争がおこっているかどうかを検証するための実験的手法（一方の種を除去して他方の動向を見るなど）であり、またもう一つは、競争があると仮定した場合に2種のすみわけの重なり度合いがどの程度になるかを理論的に予測するような数理生態学的手法である。

今西の場合、このような手法や、またもっと根本的には、すみわけが進化するために必要な（淘汰に代わる）具体的メカニズムを提出することは結局できなかった。

しかし我々がここで今西に学ぶべき点は、仮説を科学的に証明するための手順ではなく、仮説そのものを生み出すまでの観察力や洞察力、そしてフィールドワークを通じて自然の中に隠されている美しいパターンを読みとろうとする執念だろう。京都の加茂川からはじまって、信州の山岳域、北海道、そして樺太と、ヒラタカゲロウ類のすみわけが垂直、水平的にどのように展開しているかを追いつめようとする彼の姿、そして得られた結果から生物社会の全体像を類推してゆくその鋭い洞察力は、今でも新鮮な感動を我々に与える。

長々と「棲み分け」について引用した。それには理由がある。

安全保障面や経済面で、全体の力で日本はもはやNo・1となって他を圧倒する力はない。2023年7月3日付日経新聞は「円売り勢〝弱る国力〟突く」の標題で、①国際決済銀行が算出する実質実効為替レートを見ると、円は95年に付けたピーク比の下落率が6割に達した②平均給与水準の低さや財政状況なども含め、円安の根本的な原因には日本の国力の低下がある③生産年齢人口の減少などで経済の実力を示す潜在成長率はゼロ％止まりであり、2％程度の米国と比べても低いことを報じた。

我々は日本という国が、どのような「棲み分け」の中で生きていくかを考察すべき時にきていると思う。我々に世界の一流国になる道があるのか。もしなければ一流国的意識をもって行動するのを止め、自分にふさわしい場所を見つけなければならない。

## （10）吉見俊哉の「敗者論」

吉見俊哉は『敗者としての東京』で、江戸時代、薩長の占領、米軍の占領の三つの時期を見ながら「敗者の生き方」を追求する。

この本（『敗者学のすすめ』）の冒頭で彼（山口昌男）は「日本がバブル経済の崩壊の後に改めて自らを見つめ直すことの必要性が痛感される今日、負け方の研究がこれからの課題として浮かび上がって来ている。日本の近代史のパラダイムは無意識のうちに勝者を中心に作りあげられ、敗者の役割を見つめ直す視点はあまり見当たらない」と述べます。山口はこの時点では、日本人がその後、「小泉劇場」に熱狂し、「アベノミクス」にすら易々と乗せられ、「失われた二〇年」を経験していくことを知りません。当時、彼が気づいていたのは、二一世紀の日本にもし希望があるとすれば、「敗者」を生き抜く創造性にこそあるということです。

山口はその先例を、旧幕臣知識人に見出していました。彼らは、どれほど有能でも「出世街道を上ってゆくよりも、むしろ自然の中に放浪するほうを選ぶという、明治以降の一般的な日本人的発想とは違う」道を選んだのです。ここに山口は可能性を感じていました。

戦前、戦後を貫通して近現代日本社会を支配してきたのは垂直統合の原理で、これが戦後は「系列」で組織された企業体制や労働組合、中央と地方の関係、さらには東大や京大を頂点とする学歴ピラミッドとして浸透してきました。その結果、人々はそれぞれの組織の殻に閉じこもり、その組織の「常識」に適応し、縦割りを超えた横断的なつながりの中で思考することを失いました。これは左右共に、つまり政治的立場にかかわらず日本社会全体、トップからボトムまであらゆる層で起きていったことです。まさにこの垂直統合の呪縛が、水平統合を基本原理とする一九九〇年代以降のグローバル化に不適応をおこし、長い日本の衰亡を運命づけてきたのです。

山口昌男が探し求めたのは、この垂直的なピラミッドへの自閉から抜け出す模範的な自由闊達さでした。

国連の持続可能な開発ソリューションネットワーク（ＳＤＳＮ）は3月20日、２０２３年版の「世界幸福度報告書」を発行し、世界幸福度ランキングを発表した。

１フィンランド、２デンマーク、３アイスランド、４イスラエル、５オランダ、６スウェーデン、７ノルウェー、８スイス、９ルクセンブルク、10ニュージーランド、11オーストリア、12オーストラリア、13カナダ、14アイルランド、15米国、16ドイツ、17ベルギー、18チェコ、19英国、20リトアニア

不思議なことに、ほぼ同等の経済水準の国の間で、幸福度は覇権争いから遠い国が高い。フィンランドはウクライナ戦争の中でＮＡＴＯ加盟の動きを示し、覇権争いに自ら加わってい

るが、はたして世界幸福度ランキング一位を続けられるであろうか。彼らが見出してきた貴重な「棲み分け」の場を自ら捨てているように思える。

日本もまた、今後どう生きるかが問われる。

かつては軍事、経済で覇権争いに参画した。だが今後それはない。しかしそのことは、日本に明るい未来がないことを意味しない。

今日覇権争いをしている国の国民の幸福度は決して高くはない。覇権争いから脱落した国が、実は最も幸福度の高い国となる道があるはずだ。

## 第三章　ウクライナ問題への対応がリベラル勢力崩壊の原因

### （1）ウクライナ戦争への対応が軍事力強化に弾み

すでにみたように、岸田政権は2022年12月安保関連三文書で「反撃能力を保有すること」、すなわち「敵基地攻撃能力」を保持することを決めた。政府は新たな「防衛力整備計画」で2023年度から5年間の防衛力整備の水準を今の計画の1・6倍にあたる43兆円程度とし、防衛省は計画の初年度にあたる2023年度予算で、防衛費は過去最大の6兆8219億円で2022年度の当初予算と比べて1兆4000億円余り多く、およそ1・3倍と大幅な増額となった。

与野党含め、ロシアへの糾弾と制裁を主張した。

流れを見ていこう。①ロシアへの経済制裁→②経済制裁の実効性が薄い→③軍事力でロシアを排除する動きの強化となる。

西側諸国は①ロシアの石油・天然ガスの輸入禁止、②ロシアに対し、貿易決済システムでドルを使わせない、③ロシア進出の西側企業の撤退などを行った。しかし中国、インドなどは制裁に従わず、かつ石油価格が高騰し、ロシアGDPは、22年は2・1%減にとどまり、23年はプラスになると予想されている（IMGは0・7%成長、JPMorganは1%成長を予測）。

「ロシアに制裁を」と主張する人には武力でロシアを撤退させるしか、手段はない。

こうして、「リベラル派」の武力行使への抵抗感が減じ、むしろ評価する流れが出た。

少し後で安倍元首相の発言を見ていくが、ウクライナ問題の本質は、攻撃したロシア側から見ると、これは極めて特殊なロシア・ウクライナ間の問題の処理であるのであるが、他方、西側・日本はこれをロシア・ウクライナ間の問題を超えて、自分達に襲いかかるロシアの脅威として扱った点にある。

## (2) ウクライナ問題が日本の安全保障政策を変えた

ウクライナ問題が日本の安全保障政策を変えたことは日本の政治の観察者にはほぼ自明のことではあるが、この点に関し、麻生太郎自民党副総裁は2023年4月19日、次のように述べている。

「反撃能力も、これまでも認めてくれという交渉を公明党としてきたが、うまくいかなかった。

でもやっぱり今のウクライナの惨状を見て、きちんと公明党もこの話はのんで、去年の12月に反撃能力を認めるということになった」。

２０２３年5月3日読売新聞は「憲法改正『賛成』が61％、コロナ禍やウクライナ侵略影響で高水準に……読売世論調査」の標題の下、「ウクライナ侵略が憲法改正に関する意識に与えた影響を聞くと、〝憲法を改正するべきだという意識が高まった〟が40％で、〝今の憲法を守るべきだという意識が高まった〟の21％を上回った。〝変わらない〟は32％だった」と報じた。

つまり、ウクライナ問題の認識、それへの報道が日本の安全保障観を大きく変えた。

別の表現をすると、「護憲派」——武力の行使を排する——が、武力の行使以外の道で「ウクライナ問題」があるということを説明できなかったことが、護憲支持を失ったと言える。

## （3）安倍元首相はどの様な発言をしていたか

**その①　２０２２年2月27日（日）のフジ「日曜報道 THE PRIME」**

ロシアの侵攻後、日本のTVや新聞では「プーチンは何を考えているか」の解説がなされてきた。日本でロシアのプーチン大統領と最も頻繁に会っているのは安倍元首相である。

では、日本の方でどれくらいの方が安倍元首相の解説を見聞きしたか。ほぼない。なぜか。彼が発言を避けていたか。そうではない。

安倍元首相の発言が封じられてきたことと、日本が「軍国化」する道とは無関係ではない。もっと率直に言うと、日本国内ではほとんど認識されなかったが、「軍国化」する勢力にはウクライナを巡る安倍発言は困る存在だったのである。だから彼の意見は日本社会で封印された。

安倍元首相は2022年2月27日（日）のフジ「日曜報道 THE PRIME」で次の発言を行った（筆者のビデオからの文字おこし）。

「プーチンの意図はNATOの拡大、それがウクライナに拡大するという事は絶対に許さない。東部二州の論理でいえば、かつてボスニア・ヘルツェゴビナやコソボが分離・独立した際には西側が擁護したではないか。その西側の論理をプーチンが使おうとしているのではないかと思う」。

（コメンテーター：まさに、平和維持部隊で送り込もうとしているのはコソボ紛争と似ている所があると思うのですが。プーチンがNATOの東方拡大について不満を漏らしたことがあったのですか）

「米ロ関係を語る時に（プーチンは）基本的に米国に不信感をもっているんですね。NATOを拡大しないことになっているのにどんどん拡大しているんですね。ポーランドにTHAADミサイルまで配備しているんですね。米国に基本的に不信感をもっているんですね。

**プーチンとしては領土的野心という事ではなくて、ロシアの防衛、安全の確保という観点か**

**ら行動を起こしていることと思います。**勿論私は正当化しているわけではありません。しかし彼がどう思っているかを正確に把握する必要があるんだろうと思います」

**（NATOが約束を守っていないんじゃないかというニュアンスの発言があったんですか）**

**「それは何度か二人だけの時にはありました」**。

たぶん、多くの日本の方と異なる見解を安倍氏が述べている。

私達は、この当時安倍元首相がどのような発言をしていたかをほとんど知らない。連日ウクライナ情勢を報じてきたNHKが、なぜ安倍元首相の考えを伝えなかったか。安倍氏の「プーチンとしては領土的野心という事ではなくて」という考えを紹介することなく、「ここでプーチンの行動を止めなければどんどん拡大していく」という見方が紹介されていたかを考えてみて欲しい。

安倍氏が殺害される前、不可思議な記事が出ている。

「勇ましさに潜む『自立』と『反米』　安倍元首相の危うい立ち位置」＝平田崇浩（2022年6月13日 エコノミスト・オンライン）。

安倍晋三元首相は5月上旬、BSフジの番組で「（バイデン米大統領の）アプローチ自体がプーチン大統領にやや足元を見られたかもしれない」と語った。侵攻開始から2カ月以上が経過し、ロシア軍による民間人の虐殺行為や都市インフラの徹底的な破壊行為が国際社会から激しく非難される中で、**安倍氏は矛先を米国に向けた**。

安倍氏の主張を要約すると、（1）ロシアがウクライナに侵攻しても米軍は派遣しないとバイデン大統領が明言していたことが侵攻を誘発したのではないか、（2）侵攻を阻止するため、米国がウクライナに対し、北大西洋条約機構（NATO）に加盟しない中立を宣言させ、親ロシア派武装勢力が活動する東部2州の高度な自治を認めさせる努力をすべきだった——となる。

**主要7カ国（G7）を中心とする西側民主主義陣営が結束してロシアに経済制裁を科し、ウクライナへの軍事支援を強化する中で、それに同調する日本の岸田文雄首相に背後から弓を引くに等しい**、極めてロシア寄りの発言だ。

知米派の政府関係者は「プーチン大統領に足元を見られたのは誰か。27回も首脳会談を行って、一方的に経済協力をした揚げ句、北方領土は1ミリも返ってこなかった。そもそもロシアのクリミア併合後もプーチン大統領にすり寄って増長させた責任をどう考えるのか。自分の失態を棚に上げて米国を批判する安倍氏の脳内が理解できない」と**憤りを隠さない**。

**安倍氏の主張の根底には常に米国からの「自立」＝「戦後レジームからの脱却」があるのだろう**。米国は中国の中距離核ミサイルに対抗する核戦力の開発を進めており、日本領域内への配備を求めてくる可能性もある。非核三原則を持つ日本にとっては極めてハードルの高い話ではあるが、そのときは日本自身がコントロールできる形、つまり、事実上の核保有につなげたいということか。

岸田政権で、知米派の政府関係者が安倍氏に憤りを持っていたことはほとんどの日本人はしらない。

**その②　エコノミストの報道**

（エコノミスト編集者注［2022年7月8日］：奈良西部の都市で選挙演説中に暗殺された安倍晋三は、5月にエコノミストにインタビューを行っていた。以下に再公開した）。

安倍晋三は、2012年から2020年まで首相を務め、日本の歴史上誰よりも長く首相を務めました。持病のため辞任したが、すぐに国会議員に復帰した。**彼は今でも日本の政界で手ごわい存在です。彼は、与党自民党で最大の派閥を指揮しています。**彼の政策アイデアの多くは、彼の任期を超えて存続しています。そして彼の現在の立場では、彼はいじめっ子の説教壇を使って、日本がアメリカの核兵器を保有する可能性や潜在的な危機における日本の役割など、かつてタブー視されていたトピックを打ち破るために、さらに積極的な安全保障政策の必要性について声を上げてきました。

エコノミストは安倍首相と会談した。インタビューは、ウクライナ侵攻が日本でどのように響いたかについての議論から始まった。

安倍「**侵略前、彼らがウクライナを包囲していたとき、戦争を回避することは可能だったかもしれません。ゼレンスキーが、彼の国がNATOに加盟しないことを約束し、東部の2州に高度な自治権を与えることができた。**おそらく、アメリカの指導者ならできたはずです。しかしもちろんゼレンスキーは断る」。

つまり、安倍元首相は、西側が結束し、ゼレンスキーにもっと戦えと武器を送っている時に、ゼレンスキーの対応如何によってはこの戦争は起こらなかったと言っているのである。

## （4）安倍元首相の発言は何故日本でかき消されたか

①当時日本で最も力を持っていた政治家は、首相を辞めたとはいえ、安倍派を率いていた安倍氏である、②プーチン大統領と27回も直接対話を行い、プーチン大統領の考えを最も知っていたのは安倍氏であることを考えると、安倍氏の考えが日本で紹介されなかったのは、極めて異常である。

## （5）和平のインセンティブ

和平は①「戦争継続による被害」と②「和平で失うもの」のどちらが大きいかの比較で、①が②よりも圧倒的に大きいと認識された時に生ずる。

第二次世界大戦の終結では、広島、長崎への原爆投下を受けて、戦争継続による人命損失と、「日本国領域内ノ諸地点ハ吾等ノ茲ニ指示スル基本的目的ノ達成ヲ確保スルタメ占領セラルヘシ」等を含むポツダム宣言の受諾によるマイナスの比較において、戦争継続による人命損失が大きいという判断のもとに行われた。ポツダム宣言を受け入れた人々は、その受諾は自分たちの考えと一致していたから受諾したのではない。和平において、積極的利益が得られたわけではない。大きいマイナスを消す行為である。

ウクライナの選択を見てみよう。

・戦争を継続し、ロシアをウクライナ東南部から撤退させる

ウクライナは戦争継続によって次のマイナスを抱えている。①数百万人の国民が他国に避難している。②戦闘継続により国土が荒廃し、経済活動が大幅に減退する。③戦闘が激しい時には一日百名以上の死者が出る。

従ってウクライナが和平を受け入れる時は、自分たちの言い分が通ったからではない。戦争継

続によって生ずる甚大な被害を阻止するためである。

日本の護憲派、リベラル派はこの論理を理解すべきである。平和憲法の最大の軸は、「人的被害を避ける事」ここにあると思う。

## （6）私の考える提言

ウクライナ問題で和平は可能か。

実際は比較的容易である。

和平には、双方の要求が何か、その要求はある程度の合理性を持っているか、あるいは実現可能かを見る必要がある。

ロシアの要求を見てみたい。プーチンの要求は①ウクライナが自国へのＮＡＴＯ拡大を求めない②東部に「自決権」を与えよ、である。

これが、過去の歴史、あるいは国際社会の条理に反するかである。
①はキッシンジャー等が助言してきた内容である。
１９９０年2月9日ゴルバチョフ・ソ連大統領とベーカー・米国務長官の会談で、ベーカー国務長官がゴルバチョフ大統領に「ＮＡＴＯ軍の管轄は一インチたりとも東方に拡大しない」と約束したものである。

従って国際水準でも、十分に受け入れ可能な条件である。

また東部における「民族の自決権」に関しては、国連憲章第一条において「人民の同権及び自決の原則の尊重に基礎をおく諸国間の友好関係を発展させること並びに世界平和を強化するために他の適当な措置をとること」と規定されている。「民族の自決権」は国連憲章で認められた権利であり、ウクライナ東部に当てはめることは可能である。

## （7）私の提言への批判・「武力で現状変更は許せない」

しばしば、「武力で現状変更は許せない」「国際法違反だ」という声がある。

ではこれまで国際社会は「武力で現状変更をしない」という秩序であったか。

2003年イラク戦争において、米英豪等はイラクを攻撃し、サダム・フセイン大統領体制を打倒した。この時、イラクは核兵器開発を行っているという口実で攻撃したが、イラクは核兵器開発を行っていなかった。虚偽の口実でイラク攻撃をしたのだから、プーチン大統領のウクライナ攻撃より悪い。

私達はすでに、安倍元首相が2022年2月27日（日）のフジ「日曜報道 THE PRIME」で「東部二州の論理でいえば、かつてボスニア・ヘルツェゴビナやコソボが分離・独立した際には西側が擁護したではないか。その西側の論理をプーチンが使おうとしているのではないかと思う」と語ったのを見た。

日本ではコソボの独立を知っている人は少ない。1991年から2001年まで続いたユーゴスラビア紛争により、解体され、幾つかの共和国が独立した。しかしコソボは武力が弱い。セルビアがその独立を許さない。こうした中、コソボを支援するNATOは1999年3月から約3カ月空爆を行い、セルビア軍をコソボから撤退させた。こうした経緯を経てコソボは独立する。

この時、今日「武力で現状変更は許せない」と叫んでいる人は、NATOの武力攻撃について、「武力で現状変更は許せない」と叫んだか。多くの人は叫んでいない。ここに安倍発言を封じ込めなければならない理由がある。

## (8) ウクライナ問題の理解のために・その① NATO拡大の問題

私達は、安倍元首相が「プーチンの意図はNATOの拡大、それがウクライナに拡大するという事は絶対に許さない。東部二州の論理でいえば、かつてボスニア・ヘルツェゴビナやコソボが分離・独立した際には西側が擁護したではないか、その西側の論理をプーチンが使おうとしているのではないかと思う」と述べたのを見てきた。

ここでNATO拡大の問題をもう少し詳細にみてみよう。少し細かくなるが、ご容赦願いたい。

1990年、ドイツ統一前、ソ連(当時)はまだ全面的にドイツの統一を支持していない。ソ連は、再統一されたドイツが再度ソ連に脅威を与えることを恐れた。そのソ連の不安を和らげるため、この時期、ベーカー米国務長官、ブッシュ米大統領、ゲンシャー西独外相、コール西独首相、ゲイツ米国防長官、ミッテラン仏大統領、サッチャー英首相等が「ＮＡＴＯの東方拡大はしないから」とソ連の大統領や外相に約束してきている。この資料は米国の「National Security archive」「NATO Expansion: What Gorbachev Heard（National Security archive）」に保管されている。

・書類１（番号は筆者）：ゲンシャー外相発言に関する在独米国大使館発国務長官あて電報
　１９９０年1月31日、ＮＡＴＯは東方に拡大しないであろうとのゲンシャー西独外相提言の詳細な報告。
・書類２：１９９０年2月9日ベーカー（米国務長官）とシュワルナーゼ（ソ連外相）会談のメモランダム
　ベーカーはソ連外相に中立的（どのブロックにも属さない）ドイツは疑いなく自己の独自の核を持つであろう。しかしながら変化したＮＡＴＯ内のドイツは独自の核兵器を必要としない。ＮＡＴＯの管轄ないしＮＡＴＯ軍は東方に動かないという鉄壁の保障が存在しなければならない（There would have to be iron-clad guarantees that NATO's jurisdiction or forces would not move eastward）。
・書類３：１９９０年2月9日ゴルバチョフとベーカー会談のメモランダム

ブッシュが1989年12月マルタ会談で述べたことを繰り返し、ベーカーはゴルバチョフに「もし我々がNATOの一部となるドイツに留まるなら、NATO軍の管轄は一インチたりとも東方に拡大しないと語った（Baker goes on to say, "If we maintain a presence in a Germany that is a part of NATO, there would be no extension of NATO's jurisdiction for forces of NATO one inch to the east."）。

・書類4：1990年2月10日ゴルバチョフ、コール会談のメモランダム

コールは会談の初めに、ゴルバチョフにNATOはその活動範囲を拡大すべきでないと信じている（"We believe that NATO should not expand the sphere of its activity."）と述べた。

ウクライナがNATO加盟を申請するのはいい。それはウクライナの決断である。しかしNATO側は「東方拡大をしない」とロシアに約束している。これが冷戦後の欧州の安全保障の基本だったのである。これを今米国が変えようとし、緊張が生まれた。これがウクライナ問題の本質である。

したがって、ソ連・ロシアの専門家は「NATOはウクライナに拡大すべきでない」と警告していた。キッシンジャーは、2014年3月4日ワシントンポスト紙に「如何にしてウクライナ危機を終結させるか（How the Ukraine crisis ends）」を寄稿し、「ウクライナはNATOに加盟すべきでない（Ukraine should not join NATO）」と述べ、バーンズ駐ロ米国大使は2008年2月1

日秘・本国宛電報で「ＮＡＴＯの更なる東方拡大は潜在的脅威」と強調した。彼は「ＮＡＴＯ拡大、特に、ウクライナへの拡大はロシアにとり感情的、神経的問題であり、さらに戦略的考慮がウクライナとグルジアへのＮＡＴＯ拡大の強い反対となっている。**ウクライナに関しては、ＮＡＴＯ拡大は国を二つに分離し暴力に導き内乱にまで導き、ロシアに介入の決断を迫るものとなる**」と**警告している**。

ロシアの侵攻は突然生じたのではない。警告されてきていたのである。残念ながら、日本ではこの問題にはほとんど言及されていない。

## （9）ウクライナ問題の理解のために・その②　東部2州の問題

安倍元首相が「プーチンの意図はＮＡＴＯの拡大、それがウクライナに拡大するという事は絶対に許さない。東部二州の論理でいえば、かつてボスニア・ヘルツェゴビナやコソボが分離・独立した際には西側が擁護したではないか。その西側の論理をプーチンが使おうとしているのではないかと思う」と述べた東部二州の問題を見てみたい。この問題は相当複雑である。

『マスコミ市民』２０２２年５月号は羽場久美子（青山学院大学名誉教授、世界国際関係学会元副会長）著「ミンスク２の時点に戻り即時停戦を」を掲載しているので、そこから抜粋したい。

・２０１４年のマイダン革命以降、アメリカ政府やＮＡＴＯの事務総長を含めて、ウクライナに対して強力な軍事的・政治的な援助をしていく姿勢があった。

**・今回の問題は今年の2月に始まったことではなく、２０１４年から始まっていると捉えることができるのです。**戦争に至る経緯について、メディアはもっと多角的、客観的に伝えていってほしいと思います。

・１９９１年にソ連が崩壊して以降、アメリカやＮＡＴＯはいかにロシア及び社会主義国を弱体化させ、世界的な影響力をなくしてしまうかということに強い関心をもったのだといえます。

・オバマ政権の副大統領としてのバイデンは、マイダン革命が行われた２０１４年以降、ロシアの前哨線を押えるという立場で、ウクライナへの軍事支援やＮＡＴＯの拡大について積極的に発言していきます。

・２０１４年のミンスク議定書は、ロシアとウクライナとドネツクとルガンスクという四者の取り決めたものですが、いわゆるミンスク合意と言われるものは、２０１５年の2月にドイツのメルケル首相とフランスのオランド大統領の仲介で成立した「ミンスク２」です。

・2回目のミンスク合意を破ったのはウクライナの方でした。マリウポリを拠点とする過激なネオナチの軍事組織をウクライナの警察や国防軍にいれたことで内戦が始まるのです。

**・正規のウクライナ軍が東部の親ロシア武装組織と言われる人達に対して内戦を開始する一方、それと並行して過激派のアゾフ大隊のグループが虐殺を働き、双方で1万4千人の若者が亡く**

**なりました。**

・戦闘を中止することができないまま8年間も内戦が継続する状況が続きました。**ロシアは2022年突然侵入したのではなく、戦争状況はすでにあったのです。**

## ⑽ ウクライナ問題の理解のために・その③　左派系の人の見方

（著者がブログで「読み人知らず」として著したもの）

**論考「ウクライナ戦争にどう向き合うか」**

今、ウクライナ戦争にどう向き合うかが問われている。その向き合い方によって、日本の進路は真逆なものになるのではないか。

■二つの「東のウクライナ」

今日、ウクライナの惨劇には言葉を失う。国そのものが廃墟になり、その出口が見えない。このウクライナの悲惨を見ながら、そこに近未来の日本の姿を見、警鐘が鳴らされている。岸田首相は、今日のウクライナに明日の東アジアを見て、防衛力の強化を訴えた。

そこで想定されているのは、中国による「台湾有事」だ。それに対抗して、「反撃能力」

が言われ、「専守防衛」が反故にされながら、防衛費の倍増が当然のこととしてまかり通っている。

一方、「東のウクライナ」には、全く異なるもう一つの意味がある。それは、ウクライナのように、米国の代理人に押し立てられて戦争するなという意味だ。

同じ「東のウクライナ」でも、全く違った意味。それは明らかに、ウクライナ戦争に対する見方の違いに由来している。

■どう見るウクライナ戦争の本質

ウクライナ戦争をどう見るか。その本質についてはいろいろ言われている。

誰もが最初に思ったのは、ロシアによるウクライナに対する侵攻、侵略戦争だ。

なぜ今、ウクライナ侵略戦争なのか。その目的については、ロシアによるウクライナ併合など、領土拡大への野望が言われた。

だが、戦争の進展の中で、この戦争が単純な領土をめぐるロシアとウクライナの戦争ではないことが誰の目にも見えてきた。

この戦争に対する米英、米欧の支援は尋常ではなかった。戦争の勃発と同時に始まった米英メディアによるロシア非難の報道は熾烈を極め、米欧主導の国連など国際機関でのロシア非難決議、対ロシア制裁決議が矢継ぎ早になされ、国際決済秩序、ＳＷＩＦＴからのロシア主力銀行数行の閉め出しなど、ロシア経済を世界経済から切り離し孤立圧殺するための措置が次々と執られた。また、米英によるウクライナへの軍事支援も普通ではなかった。スターリンクをはじめ、最新の武器供与、軍事支援が大々的になされた。

ロシアの新興財閥オリガルヒが震え上がったこの米欧による一大攻勢を前に、プーチンは、オリガルヒを説得安心させながら、世界でも有数なロシアの地下資源、農産物資源を武器に米欧経済を逆包囲する新たな世界経済秩序をつくる一方、愛国を掲げ、米欧と対決するロシアの軍事再構築を図りながら、中国など世界の非米諸国との連携を一段と強めた。

事態のこうした進展は、ウクライナ戦争が単純なロシアとウクライナの戦争ではなく、米欧日など旧帝国主義勢力と中ロなど非米諸国間の世界を二分する対立、抗争の様相を呈してきていることを教えてくれている。

そこで問題となるのは、中ロなど非米諸国をどう見るかだ。米欧日など先進・旧帝国主義勢力に対して、中ロの下にブロックを形成する後進・新興帝国主義勢力と見るのか、それとも、米欧日帝国主義覇権勢力に対決する中ロなど脱覇権、反覇権勢力と見るのか、それによって、ウクライナ戦争がいかなる戦争か、その本質が違ってくる。

これは、ただ単に中ロを帝国主義覇権国家と見るか否かの問題ではない。中ロとそれと連携する非米諸国、この集団をどう見るかの問題だ。中国やロシアをそれぞれ盟主とする中国やロシア、はたまた中ロの帝国主義ブロックと見るのか、それとも、中ロと対等に連携する、非米・脱覇権勢力と見るのか。

これは、すぐれて現時代をどう見るかの問題と一体だと思う。米一極覇権時代と見るのか、米、中、ロなど多極覇権時代と見るのか、それとも、覇権時代そのものが終焉する脱覇権の時代と見るのかだ。

そこで見るべきは、この戦争が2022年2月24日のロシアのウクライナへの軍事突入、プーチン言うところの「特殊軍事作戦」以前から始まっていたという事実だ。

対中新冷戦が公然と開始されたのに対し、対ロ新冷戦は、二正面作戦を避けて、ウクライナのNATO加盟化、対ロシア軍事大国化、ナチス化など、非公然に敢行されていた。

これに対し、プーチンによるウクライナ先制攻撃は、この対ロ新冷戦の公然化、二正面作戦化を狙ったものだったと言えるのではないか。

その目的が中国だけでなく非米脱覇権諸国とロシアの結びつきを一段と強め、覇権VS脱覇権、反覇権の攻防を後者にとって有利にするところにあったのは、この間のウクライナ戦争の展開を見ていれば容易に推察できるのではないだろうか。そのとどのつまりが米覇権の崩壊と覇権時代そのものの終焉にあったことは十分に推測できるのではないかと思う。

## ■この戦争の行方を予測する

今、ウクライナ戦争がどうなるか、その行方が問題になっている。

そこで焦点になっているのが武器問題だ。ウクライナの弾薬が尽きてきている。ハンガリー、オーストリア、ブルガリアがウクライナへの武器援助を拒否する中立宣言を出した。

理由として、ウクライナへの武器供与を求める米国の要求に付いていけない、等々が浮かび上がってきている。

ここに来て、数年かかると言われてきたウクライナ戦争が、年内に決着が付くかも知れないと言われるようになってきているのはそのためだ。

しかし、戦争の勝敗は、武器によって決まるのではない。

第二次大戦後、米国は戦争をやり続けてきた。朝鮮戦争、ベトナム戦争、イラク・アフガン戦争……。そこで米国が勝てなかった原因は何か。それは明らかに、武器によってではない。勝てなかったのは兵士と国民の意識で米国が負けていたからだ。

そこから見た時、ウクライナ戦争の展望はどうか。ウクライナとロシア、双方の兵士と国民の意識はどうなっているのか。

そこで言えるのは、ウクライナの兵士、国民の士気の低さだ。米欧から供給される武器の多くが戦場に届かず、横流しされているのはなぜか。ゼレンスキーの親族が戦争勃発を前にイスラエルに移住していたという事実は何と説明するのか。

なぜそうなるのか。それは、ウクライナが祖国防衛の戦争をしていると言うより、米欧の代理戦争をしているからだと思う。事実、昨年12月、訪米した際、ゼレンスキーは、米議会の演壇で、ウクライナ国民は、（祖国のためではなく）民主主義のために闘うと言った。

それに対して、ロシアは、米国の覇権回復戦略、対ロ新冷戦から自国を守るという意識になっている。ナポレオンの侵略を退けた第一次大祖国戦争、ヒトラーの侵略を撃退した第二次大祖国戦争、そして今、米欧を討ち退ける第三次大祖国戦争という意識だ。

### ■この戦争にどう向き合うべきか

これまでウクライナ戦争について見てきた。その本質を考え、行方を予測してきた。その上で問われているのは、この戦争に日本がどう向き合うべきか、言い換えれば、「東のウクライナ」にならないためにはどうするかという問題だ。

まず、この戦争はロシアによる侵略戦争ではない。だから、中ロによる日本への侵攻を警戒し、米欧と一体にそれに対するようにはならない。逆にそれに反対し闘わなければならない。

次に、ウクライナ戦争を米欧日対中ロの帝国主義間戦争ととらえた場合どうなるか。当面、ウクライナの「民族解放闘争」を支援しながら、「帝国主義間戦争を内乱へ」を準備することになるのだろうが、問題は、米対中ロの攻防、すなわち「新冷戦」に対してはどうするのかということだ。この立場に立つ人たちの多くが、「新冷戦」との闘いを自分とは無縁の問題として無視、軽視するようになるのは、決して偶然ではないと思う。

ウクライナ戦争を米覇権VS脱覇権の闘いとして見た時、もしくはそうなりうると見た時初めて、われわれは、覇権に反対する立場から、米覇権と闘う日本主体の立場に立てるようになると思う。

ここから一つ言えることは、われわれがあらゆる問題を考える時、常に日本を中心に置き、日本の幸せ、日本の利益のために、日本主体に考えることの重要性ではないだろうか。

ウクライナ問題を考える時にも、対米従属、「新冷戦」と闘う日本人としての立場を堅持し、そこから現実をとらえ、現実の発展がそうなっていない時には、それを変えてでも日本の幸せ、日本の利益を図るということだ。

## （11）ロシア人は何故プーチンを捨てなかったのか

2022年3月27日、バイデン大統領は訪問先のポーランドの首都ワルシャワで演説し、「この男が権力の座にとどまり続けてはいけない」と語った（CNN、原文はPutin "cannot remain in power"）。

日本では、ロシアが侵攻した2月24日以前に、朝日新聞Globeが「ウクライナに軍事圧力かけるロシア・プーチン大統領に辞任要求　退役大将が痛切な訴え」を掲げ、プーチン攻撃の風潮を作る。

プーチン攻撃は当然の現象となり、ロシア政治を専門とする筑波学院大・中村逸郎教授が6月10日「よんチャンTV」に出演。ロシアのプーチン大統領が6月末までに99％、辞任すると断言する始末である。

プーチン大統領の支持率を、中立系世論調査機関（Levada-center）で見てみよう。

| | | | | | |
|---|---|---|---|---|---|
| 14年10月 | 19年2月 | 20年4月 | 21年12月 | 22年4月 | 23年4月 |
| 88％ | 64％ | 59％ | 65％ | 82％ | 83％ |

（https://www.levada.ru/en/ratings/）

戦況は厳しい。経済制裁で、生活環境は悪化している。しかし、プーチン大統領に対するロシア国民の支持率は、ロシアのウクライナ侵攻以降増加している。日本では「プーチン大統領が6月末までに99％辞任」のような見解がメディアを支配していたのである。

ロシアで何故このような現象が起こっているか。

何故ウクライナ侵攻の位置づけが西側とロシア国民は全く異なったのか。

一つには東部ウクライナの状況認識の違いである。すでに羽場教授が「ウクライナ軍が東部の親ロシア武装組織と言われる人達に対して内戦を開始する一方、それと並行して過激派のアゾフ大隊のグループが虐殺を働き、双方で1万4千人の若者が亡くなりました」と指摘したのを見た。ロシア東部にいるロシア人が虐殺されてきた事実をロシア人は知っていて、西側の人々は知らない。ロシア侵攻の前に、ロシア国内では「米国・NATOがロシアとの対決姿勢を強め、放置すればウクライナに核兵器を置き、一段とロシアに圧力をかけることになる」という認識が共有されているからである。

## (12) 主義を守ることと命を守ることとの選択

「ウクライナ戦争の本質は何か」

「民主主義・自由主義対全体主義の戦いなのか」

「旧ソ連復活、さらには欧州も制圧しようとするロシアの覇権主義なのか」

「過去の国際秩序を顧みない暴力行為なのか」

「民主主義・自由主義対全体主義の戦い」「旧ソ連復活、さらには欧州も制圧しようとするロシアに対する戦い」「過去の国際秩序を顧みない暴力行為」、こうした見解が、米国、NATO諸国のウクライナ支援の根本になる。


そして、この点で、軍拡に走るグループと、「人権派」とが一体化する。

こうした中で、「プーチンとしては領土的野心という事ではなくて、ロシアの防衛、安全の確保という観点から行動を起こしていることと思います」とか「プーチンの意図はNATOの拡大、それがウクライナに拡大するという事は絶対に許さない。東部二州の論理でいえば、かつてボスニア・ヘルツェゴビナやコソボが分離・独立した際には西側が擁護したではないか。その西側の論理をプーチンが使おうとしているのではないか」と言うように、個別案件の処理の問題とする

**安倍元首相の発言は実に困る存在であった。それは米国、NATOの軍事支援の根幹を揺るがす発言である。**

実はこれと同じ現象が米国に生じている。

トランプ元大統領は「自分が大統領だったらロシアの侵攻はなかった。自分が大統領になったら、すぐウクライナ戦争を終わらすことができる」と述べている。

トランプ前米大統領は2023年5月10日、ロシアによるウクライナ侵攻について、自身が大統領であれば戦争は起こらなかったとの認識を示し、米国によるウクライナへの軍事支援を支持するかどうか尋ねられ、トランプ氏は現在自身が大統領なら「1日で戦争を終わらせるだろう」と述べた（CNN）。

これはたぶん正しい。トランプ大統領であれば、NATOはウクライナに拡大させない。ウクライナもNATOの支援がないと判断すれば、東部2州のロシア系住民への虐殺はできなかったであろう。

したがって米国でウクライナ戦争を継続し、ロシアを弱体化させようと思うグループはトランプ氏の再選を必死に阻止せんとしている。

この動きの下でトランプに対する戦略は次のようになる。

①司法で有罪にして、大統領選出馬をできないようにする

②共和党の指名争いで、別の人間に勝たせる

③最終的に大統領選で、トランプを破る

上記のシナリオで最も有力だったのは、②共和党の指名争いで、別の人間に勝たせることであった。その際、最有力だったのはフロリダ州知事デサンティスであった。ところがここで異変が起こった。FOXニュースの司会者カールソン氏が大統領選の共和党候補になる可能性がある人物にウクライナ戦争に関する見解を尋ね、13日に結果をツイッターで公表した。ここでデサンティス氏は自己の見解を述べる。

**「米国には多くの重要な国益があるが、ウクライナとロシアの領土紛争にこれ以上巻き込まれることは重要な国益ではない」、「バイデン政権は『必要な限り』この紛争に資金を提供するとして、明確な目標も説明責任もなく、事実上の白紙小切手を切ったが、これは米国の喫緊の課題から注意をそらすものだ」**。

ここから、デサンティス氏の支持率は一気に下降する。デサンティス氏はトランプ外しの目的に合致しない人物とみられたのだ。

戦争継続の下、ウクライナは次の被害を受けている。

ウクライナの人口は4000万人強である。うち、数百万人以上が海外に避難している。彼らがその地に永住する可能性がある。

戦争で国土が荒廃している。GDPは30％以上下落している。国土の復旧には10年以上かかる。

戦闘を継続すれば激戦の日には1日当たり100人以上戦死する。

繰り返すが、仮にウクライナが①自国へのNATO拡大を求めない。②「東部に「自決権」を与えよ」を認めれば戦争は終結する。

それでもウクライナに「戦い続けよ」というのか。

私はこの本の冒頭、「一人の生命は地球より重い」という福田赳夫《たけお》元首相の視点と、対イラク経済制裁について「これまでに50万人の子どもが死んだと聞いている、ヒロシマより多いと言われる。犠牲を払う価値がある行為なのか？」と問われた際「大変難しい選択だと私は思いますが、でも、その代償、思うに、それだけの値打ちはあるのです」と答えたオルブライト元米国国務長官の発言とを対比させた。どちらの視点で考えるかで、判断は大きく分かれる。

## (13) 国際的な和平の必要性を説く動き① マーク・ミリー米統合参謀本部議長

今、ウクライナを軍事的に支援しているのは米国である。

であれば、米軍は最も、強硬に支援しているはずである。「軍事的に、ロシアをウクライナ全土から追い出すまで軍事支援を続けよう」と主張するのが米国の軍部のはずである。

だが違う。

今和平を主張しているのが、統合参謀本部議長マーク・ミリーである。

2022年11月10日ニューヨーク・タイムズ紙は「米国トップの将軍はウクライナでの（和平）

外交を呼びかけ、他方バイデンの助言者たちは抵抗」の標題で、「彼は、部内会議で、〝冬になる前、ウクライナ側は取りうるものをとったのだから、これを基礎に交渉のテーブルに着くべきだ〟と主張した」と報じた（Top U.S. General Urges Diplomacy in Ukraine While Biden Advisers Resist）。

日本の国内世論は、依然「ロシアの糾弾、ロシアの制裁」一色である。

こうした中で和平への動きは、日本国内ではほとんど報じられていない。

マーク・ミリー統合参謀本部議長はその後も米国内で和平を求める発言を繰り返している（「ウクライナ全土からすべてのロシア人を物理的に追い出すことができるかという実際的な問題は、軍事的にこれを行うのは非常に困難であり、莫大な血と財宝が必要です。このため、誰かが交渉のテーブルに着く方法を見つけようとしており、それが最終的にこの問題が解決される場所です」［２０２３年3月22日　ビジネスインサイダー報道］）。

ただミリーは9月に退官する予定で、すでに後任の候補が発表されている。

## ⒁　国際的な和平の必要性を説く動き②　イーロン・マスク提案

ＣＮＮは２０２２年10月4日、次のことを報じた。

「米実業家イーロン・マスク氏が3日、ツイッター上で提示したロシアによるウクライナ軍事侵攻の『和平案』に対し、ウクライナ側が強く反発している。

マスク氏がツイートで提案したのは、（1）ロシアが併合を宣言したウクライナ4州での住民投票を国連の監視下でやり直す（2）2014年にロシアが一方的に併合したクリミア半島を正式にロシア領とする（3）クリミア半島への水の供給を保証する（4）ウクライナは中立を維持する、の4点。この案への賛否を投票するようユーザーに呼び掛けた」。

この和平案は本質的に私が述べてきたことと同じである。将来和平が本格化した時、この内容が軸になろう。

マスクは電気自動車「テスラ」の最高経営責任者であり、ウクライナ問題には門外漢のようである。しかし、彼はウクライナに対しスターリンク衛星サービスを提供している。これはウクライナの軍事作戦と深く関わり、タイムズは2022年3月に、ウクライナ軍がロシア軍を攻撃するドローンの接続にスターリンクを使用していると報じた。

マスクは当然米軍関係者と深い関係を持つ。従って、彼の考えは軍の一部の考えを反映したものとみられる。

## （15）国際的な和平の必要性を説く動き③　トルコ等

ロシアが侵攻して最初に和平の動きをしたのはベネット・イスラエル首相ではないか。

2023年3月23日頃、彼はゼレンスキー大統領に「ウクライナ国民のことを考えれば、ロシアの提案を受け入れたらいい」と助言した。

次いで活発に動いたのはトルコのエルドアン大統領であろう。彼は「ウクライナ戦争の和平への取り組みは、停戦と〝公正な解決のためのビジョン〟によって支えられるべきだ」と述べ、ウクライナのゼレンスキー大統領とも電話会談し、「ロシアとウクライナ間の持続的平和の実現に向け、仲介と調整を引き受ける用意がある」と伝えた（２０２３年1月5日ロイター）。

国際的に大きな注目を集めたのは、中国の動きであろう。

中国の外交部は２０２３年2月24日、停戦や和平交渉の再開など12項目からなる「ウクライナ危機の政治的解決に関する中国の立場」と題する文書を公開した。内容は、(1)各国の主権尊重、(2)冷戦思考の排除、(3)停戦、戦闘の終了、(4)和平対話の始動、(5)人道危機の解決、(6)民間人と捕虜の保護、(7)原子力発電所の安全確保、(8)戦略的リスクの減少、(9)食糧の国外輸送の保障、(10)一方的制裁の停止、(11)産業チェーン・サプライチェーンの安定確保、(12)戦後復興の推進、という項目からなる。一番の核心のウクライナ、ロシアがどこまで支配するのか、ＮＡＴＯとの関係をどうするかの具体案がない。ただこれを入れれば、猛攻撃をかけられる。助走段階の文書と言っていい。

しかし、これで中国は和平プロセスの核になる地位を築いた。

２０２３年4月マクロン仏大統領が中国を訪問し、8日中仏共同声明を発出した。ここでは「中仏は国際法および国連憲章の原則に基づき、ウクライナの平和を回復するためのあらゆる取り組みを支持」と記載している。

和平の動きにブラジルが加わった。ブラジルのルーラ・シルヴァ大統領は、ロシアとウクライナの間の和平交渉を仲介するために、中国、インド、インドネシアを含む国のグループの創設を提案した。ルーラはアモリム元外相をモスクワに訪問させている。

２０２３年前半の時点でアメリカやウクライナは和平を否定している。

バイデン米大統領は２０２３年2月24日、米ＡＢＣニュースのインタビューで、中国外務省がウクライナ侵略の政治解決に向けて発表した12項目の提案文書について、「ロシア以外の誰も利するることはない」と否定的な見解を示した。

ブラジルが和平提案の中で「クリミア半島のロシア領承認」を入れているのに関して、ニコレンコ・ウクライナ外務省スポークスマンは２０２３年4月7日「ウクライナがたとえ一センチメーターであろうと、これを放棄しなければならない法的、政治的、道義的理由はどこにもない」と述べている。

ウクライナ戦争の客観的情勢はミリー統合参謀本部議長がのべたように、「戦争は交渉のテーブルで終わる。ロシアもウクライナも（軍事力で）目標は達することができない」ことにある。

ミリー米国統合参謀本部議長が述べたように、このウクライナ戦争はロシア、ウクライナ軍が相手軍を制圧して終結することはないであろう。

あとどれだけの人命と国土の荒廃を招けばいいというのだろう。

## （16）国際的な和平の必要性を説く動き④　森元首相の発言

私達はすでにミリー統合参謀本部議長が「ウクライナ全土からすべてのロシア人を物理的に追い出すことができるかという実際的な問題は、軍事的にこれを行うのは非常に困難であり、莫大な血と財宝が必要です。このため、誰かが交渉のテーブルに着く方法を見つけようとしており、それが最終的にこの問題が解決される場所です」と発言しているのを見てきた。

では日本でこれと類似の発言をするとどうなるか。

「森喜朗元首相は25日、東京都内のホテルで開かれた会合で、ロシアのウクライナ侵攻を巡り、日本政府の対応を疑問視した。〝こんなにウクライナに力を入れてしまってよいのか。ロシアが負けることは、まず考えられない〟と述べた」（２０２３年1月25日産経）。

これに日本では一斉の批判が沸き上がる。

ＴＢＳは「森喜朗元総理の〝ロシアは負けない〟発言が物議　現役閣僚からも〝とんでもない〟と批判の声」と報じた。25日時事は「国際社会が対ロ制裁やウクライナ支援で連携する中、今回の発言は物議を醸しそうだ」と報じた。1月29日号「デイリー新潮」は、防衛大学名誉教授の佐瀬昌盛氏が「ウクライナ戦争を巡る国際情勢を鑑みれば、森さんの『ロシアは負けない』との発言は非現実的であり、まさに〝蜃気楼〟を見ているかのようです」と述べたと報じた。

デヴィ夫人が1月27日、ツイッターを新規投稿。「森元首相と鈴木宗男は老害以外の何者でもない。プーチンと写真を撮ったから〝トモダチの国〟を非難するな、自分が日露の外交を拓いたから、と馬鹿を言う」と発信している。蓮舫氏もまた2月16日「もう、黙っていてください。森元首相、日本のウクライナ支援〝こんなに力入れちゃっていいのか〟」とツイートしている。政治家が別の政治家に対し「黙っていてください」は、いかに見解が異なってもあってはならぬ発言である。

ミリー統合参謀本部議長の発言などを見れば、森元首相発言はある種の正当性を持っている。しかし寄ってたかって攻撃する。極めて異常な言論空間をつくっている。

## (17) 核戦争の危険

長崎、広島を経験した日本国民はほぼ全て、「核兵器の廃絶」「核兵器の使用禁止」を主張する。ただ、道義的反対で、使用や保持の禁止ができる訳ではない。

核兵器はいきなり使われる訳ではない。核保有国が通常兵器での戦いで窮地においこまれた時、核兵器の使用論が出る。朝鮮戦争がそうであったし、ベトナム戦争がそうであった。ただ両者とも、交戦国の米国にとって舞台は外国である。その舞台での戦争は負けるが、本体の米国本土が危うくなるわけではない。こうして核兵器が使用されなかった。

だが、自国や、自国の支配体制が崩壊するという危険が生じた時には事態は変わる。行為の是非は別にして、ウクライナ東部二州はロシアが併合宣言を行い、ロシア領の一部である。ロシア軍はその防衛に全力を傾ける。負ければ軍は崩壊する。その時、**軍には「核兵器を使用すれば敗北が免れる」という選択が認識された時、それでも核兵器を使用しないという軍事戦略は出てこない**。

そして、まさにロシア側から核兵器使用の声が出た。

2022年9月30日プーチン大統領は、ウクライナ東・南部4州の併合を宣言する演説で、米国が第二次世界大戦末期に広島と長崎に原爆を落とし、核兵器使用の「前例」を作ったと指摘した。つまり米国に許されたのだから、我々も使う用意があると示唆した。

この時点で、プーチン大統領は脅しているだけなのか、実際に使うことを考えているのか、見方は分かれた。

さらに2022年11月2日、ニューヨーク・タイムズ紙は「**最近ロシア軍の指導者達はウクライナで何時、如何なる方法で戦術核を使うか協議した。この協議にプーチン大統領は出席していない**」と報じた。ロシア軍は追い詰められれば核兵器を使う方針を固めた。

ソ連・ロシアでは軍部は強い。たとえ大統領でも、重大な問題で軍部の意向を無視すれば排除される。

米国自身もロシアの核使用の可能性を認識している。

ワシントン共同2023年4月11日は「プーチン氏、追い込まれ核使用も」の標題の下、「米機密文書が分析と報道、ＡＰ通信は10日、ＳＮＳに流出した米国の機密文書とみられる資料に、ウクライナ侵攻を続けるロシアのプーチン大統領について、兵員や装備の不足などで追い詰められた場合、戦術核兵器の使用を承認する恐れがあるとの分析が記載されていると報じた」と記載した。

さて日本で「核兵器の廃絶」「核兵器の使用禁止」が主張される中で、次の状況下、如何なる選択をするのか。

「ロシアが東南部から完全に追い出される事態に陥ればウクライナ首都等に核兵器を撃つ」ことがほぼ確実になった時にどうするか。

選択①　そのような危険があっても、ロシア軍を全面的にウクライナから追い出すため、軍事行動を継続する

選択②　核兵器を使わせないことを最優先し、ロシアが合意しうるぎりぎりの条件を模索し、そこで休戦を行う。

私は選択②を採用する。だが「核兵器の廃絶」「核兵器の使用禁止」を主張する人の多くは選択②をとらない。何故だろうか。

今、改めて、ノーベル賞を受賞した方々が発出した１９５５年ラッセル・アインシュタイン宣

言を見てみる意義があるのではないか。

**・私たちには新たな思考法が必要である。私たちが自らに問いかけるべき質問は、どんな手段をとれば双方に悲惨な結末をもたらすにちがいない軍事的な争いを防止できるかという問題である。**

・一般の人々、そして権威ある地位にある多くの人々でさえも、核戦争によって発生する事態を未だ自覚していない。一般の人々はいまでも都市が抹殺されるくらいにしか考えていない。新爆弾が旧爆弾よりも強力だということ、原子爆弾が1発で広島を抹殺できたのに対して水爆なら1発でロンドンやニューヨークやモスクワのような巨大都市を抹殺できるだろうことは明らかである。

・最も権威ある人々は一致して水爆による戦争は実際に人類に終末をもたらす可能性が十分にあることを指摘している。

・戦争の廃絶は国家主権に不快な制限を要求するであろう。

（1955年7月9日　ロンドンにて）

ボルン教授（ノーベル物理学賞）、ブリッジマン教授（ノーベル物理学賞）、アインシュタイン教授（ノーベル物理学賞）、キュリー教授（ノーベル化学賞）、ムラー教授（ノーベル生理学・医学賞）、ポーリング教授（ノーベル化学賞）、パウエル教授（ノーベル物理学賞）、ラッ

セル卿（ノーベル文学賞）、湯川教授（ノーベル物理学賞）等

私たちには新たな思考法が必要である。

それは決して、一方の陣営に「必勝しゃもじ」を提供することではない。

## (18) 日本の言論空間の完全崩壊——山上氏は安倍元首相を殺害していない

日本でプーチンの考えを最も知る人は学者でもない、ジャーナリストでもない、安倍元首相であった。そして2022年日本の政治で最も力のあったのは、安倍派を率いる安倍元首相であった。

その安倍氏は2022年7月8日11時31分頃、奈良県大和西大寺駅北口付近にて、選挙の応援演説中に銃撃され死亡した。この事件での私の日刊ゲンダイでの記事を紹介する。

【安倍氏を銃殺したのは山上被告なのか】

ジョン・F・ケネディ米大統領の暗殺事件が起きたのは1963年11月22日である。当初、リー・ハーヴェイ・オズワルドの単独犯行とされたが、今日、多くの米国人は単独犯行とは考えていない。映画監督のオリバー・ストーンは91年、この事件を調査した地方検事の姿を

主に描いた「ＪＦＫ」を作成し、アカデミー賞で撮影賞と編集賞を受賞した。

ケネディ暗殺事件を踏まえた上で、昨夏の参院選の応援演説中に銃撃され亡くなった安倍元首相の事件は今後の展開がどうなるのだろうか。

私はこれまで、東大名誉教授や自民党関係者、評論家、米国人などから直接あるいは仄聞で、安倍氏の殺害事件は山上被告の銃ではない可能性がある――と聞き、彼以外の可能性の有無を考察してきた。

近年、こうした作業で有難いのは、疑念を持ってツイッターに呟くと、不思議にすぐ関連情報が集まることだろう。

極めて重要だと思われる情報は、銃撃当日の治療に従事した奈良県立大附属病院での福島英賢教授の説明である。

彼は「頸部前の付け根付近で真ん中より少し右に2つの銃創があり、一つは左の肩から貫通して出たとみられる」と説明していた。

これを安倍氏と当時の山上被告の位置関係で考えてみる。

極めて単純な論である。

1発目は安倍氏が前を向いて演説しているから、当たっても後ろである。安倍氏は時計の反対周りで後ろを振り返っている。頸部前方の回転は90度以内である。山上被告の銃弾は角度からして安倍氏の頸部前の付け根付近には当たらない。

福島教授が説明した時の関心は、安倍氏の治療がどうだったか、いつ死亡したかであり、誰も犯行と結び付けて考えてはいない。

少なくとも福島教授の説明と銃撃事件の映像と合わせ考えれば、銃弾は前方ないし、右から撃たれている。つまり、山上氏が安倍氏を銃撃するのは難しいと言わざるを得ない。では仮に安倍氏を銃撃した人物が山上被告ではないのであれば、誰が殺害したのだろうか。

我が国は安倍氏の国葬まで行った。そして多くの人は山上被告を殺害犯と思っている。だが、万が一にも犯人が別にいるのであれば、世紀の滑稽譚となるであろう。

山上被告以外に犯人がいる可能性があるにもかかわらず、なぜ当局は解明する努力をしなかったのだろうか。私はいろいろと推測しているが、ここでは事実を記述することに徹したい。

奈良県立大学付属病院での会見は次の番組で掲載していた。

https://youtube.com/watch?v=Rrt4Owm2x3I

## (19) バイデン政権の実行力

ウクライナ問題に臨むバイデン政権に関し、一言述べておく必要がある。それはバイデン政権には「目的が認められるなら、それを実行する手段は如何なるものであれ容認される」という考えが極めて強いことである。

ノルドストリームは、欧州のバルト海の下をロシアからドイツまで走る海底天然ガス・パイプラインである。ノルドストリーム１の年間総ガス容量は５５０億㎥（１兆９０００億 cu ft）であり、ノルドストリーム２の建設により、この容量は合計１１００億㎥（３兆９０００億 cu ft）と倍増する見込みであった。

２０２２年9月26日、ノルドストリーム１のパイプライン２本とノルドストリーム２の１本が破損した。11月18日、スウェーデンの検察当局は、爆破による破壊工作の痕跡を確認したと明らかにした。

誰が破壊したかについては、様々な説がある。「ロシアが実施したのであろう」との説まで流れた。証拠を持ち、誰が行ったかを立証するのは容易なことではない。

破壊について様々な論議が行われているが、重要な発言が見逃されている。それはバイデン大統領の発言だ。

２０２２年2月8日、ロイターは次のように報じた。

「（ドイツ首相の訪米時）バイデン大統領は月曜日、ショルツ首相との共同記者会見で、〝もしロシアがウクライナを攻撃したら、ノルドストリーム２はなくなる。我々はそれを終わらせる〟と述べた。どのようにしてそれを行うかを問われて彼は〝我々は実施出来る事を約束する〟と述べた」。

ノルドストリーム2が破壊された時、どのメディアもこの発言に言及していない。

バイデン政権の怖さは政権中枢部がある方向を示すと、具体的手段が詳細に中枢部に知らされることなく実施されることである。

全く異なる話であるが、2023年5月8日午後6時15分ごろ、銀座の大通り沿いの高級腕時計店に白い仮面を着けた複数の男が押し入り、店員に刃物を突きつけ商品を奪って車で逃走した。この車はレンタカーで、ナンバーが付け替えられていた。彼らは港区赤坂のマンションに無断で侵入した。犯人4人はいずれも横浜市に住む16歳から19歳で、高校生も含まれていた。現行犯逮捕された16〜19歳の4人が「お互いのことを知らない」と供述している。警視庁は4人がSNS（交流サイト）で特殊詐欺や強盗の実行役を募る「闇バイト」に応募した可能性もあるとみている。

闇バイトとはSNSで募集する「短時間に高収入」「半日で五万円」といった怪しげなバイトのこと。これまで闇バイトといえば振り込み詐欺がよく知られていた。最初に登場したのがリフォーム詐欺。→「オレオレ詐欺」→「振り込め詐欺」→犯罪のマニュアル化。犯罪のマニュアル化を担っているのが関東連合と指定暴力団。ツイッターの普及。スマホ時代。

犯行の実行犯から最終的な指示者までは行きつかない。それは国家が行う犯罪行為でも同様である。

第四章　世界の新潮流：米国・欧州支配の時代は終わる

産業革命以降、欧米諸国が世界の主導権を握ってきた。

しかしこの流れは変わる。

安い労働力を使用しようと、米国企業は中国などに工場を移転した。更に、「情報革命」、情報技術（Information technology＝ＩＴ）の開発が進み、「ＩＴ革命」、「情報技術革命」が進む。技術の瞬時の拡散が生ずる。先進国の技術の優位性が消える。ここから大きい人口を有する国は巨大な市場を持っていることにより、優位性を築く。それが中国であり、インドであり、インドネシアである。

歴史的にみると、それは決して異例なことではない。

１８００年時点でのＧＤＰ（単位百万ドル）を見てみよう。

| | |
|---|---|
| 中国 | 316、527 |
| インド | 177、341 |
| 英国 | 52、895 |
| フランス | 42、271 |
| 日本 | 31、779 |
| 米国 | 14、468 |

（出典：https://www.youtube.com/watch?v=4-2nqd6-ZXg）

## （1）CIAが示す世界のGDP比較：量で中国が米国を凌駕する

CIAは世界最強の情報機関である。世界情勢を解説する［World Fact Book］というサイトを持つ。ここに各国比較のコーナーがあり購買力ベースで、各国のGDP（国民総生産）を示している。

基準は購買力平価ベースである。購買力平価ベースの代表的なものにマクドナルド指数がある。2022年7月に英『エコノミスト』誌に掲載された、「sayah-media.com」の発表したデータをみてみたい。

| 順位 | 国名 | 価格（USドル） |
|---|---|---|
| 1位 | スイス | 6・71 |
| 2位 | ノルウェー | 6・26 |
| 6位 | アメリカ | 5・15 |
| 9位 | アラブ首長国連邦 | 4・9 |
| 10位 | ユーロ圏 | 4・77 |
| 31位 | 中国 | 3・56 |
| 32位 | 韓国 | 3・5 |
| 33位 | タイ | 3・5 |
| 41位 | 日本 | 2・83 |

マクドナルド製品は基本的に全世界でほぼ同一とみられる。しかし日本は「ゼロ金利政策」である。米国やスイスは高い金利であり、円安が生じる。したがって日本の円は相対的に安くなる。為替レートを基礎にしたＧＤＰ比較を行うと歪む。それで「一個のマクドナルド製品を各々の通貨で、いくらで買えるか」で調整するのが購買力平価ベースである。

その各国の購買力平価ベースでのＧＤＰ（２０２３年1月時点でＣＩＡ作成数値）をＧ７・非Ｇ７でみてみたい。

・G7・7か国

| | |
|---|---|
| 米国 | 21・1 |
| 日本 | 5・1 |
| 独 | 4・4 |
| 仏 | 3・0 |
| 英 | 3・0 |
| 伊 | 2・5 |
| 加 | 1・8 |
| 小計 | 40・9 |

・非G7・7か国　（単位：兆ドル）

| | |
|---|---|
| 中国 | 24・9 |
| インド | 9・3 |
| ロシア | 4・1 |
| インドネシア | 3・2 |
| ブラジル | 3・1 |
| メキシコ | 2・4 |
| 韓国 | 2・3 |
| 小計 | 49・3 |

表で注目される点を見てみたい。

・中国のGDPは　24・9兆ドル、米国は21・1兆ドルと、中国が米国を抜く
・非G7の上位7か国合計がG7の7か国合計を上回る
・インドは米国、中国に続き三位であるが、米中とは相当の格差がある
・インドネシア、ブラジルのGDPは英国、フランスに匹敵する

## （2）アジア新興国の経済成長はG7諸国などを上回る

私たちはすでに、G7という欧米諸国の経済が、「新興国」に並ばれ、追い越されている状況を見た。この傾向は今後もますます拡大していくであろう。

まず2023年の見通しを見てみたい。

「世界銀行、2023年の世界経済成長率を1・7％と予測、成長鈍化が加速」（JETRO）

「世界銀行は1月10日、『世界経済見通し』を発表した。その中で、2023年の世界の経済成長率（実質GDP伸び率）を1・7％と予測した。先進国・地域別では、米国が0・5％、中国が4・3％、ユーロ圏が0・0％となる」。

ではアジア地域の経済成長はどの様に予測されているか。

アジア新興国・地域の実質GDP成長率（前年同期比）（単位：％）

| 国・地域 | 2022年 | 2023年 | 2024年 |
|---|---|---|---|
| アジア新興国・地域 | 4・2 | 4・8 | 4・8 |
| 東アジア | 2・8 | 4・6 | 4・2 |
| 中国 | 3・0 | 5・0 | 4・5 |

| | | | |
|---|---|---|---|
| 東南アジア | 5・6 | 4・7 | 5・0 |
| ベトナム | 8・0 | 6・5 | 6・8 |
| フィリピン | 7・6 | 6・0 | 6・2 |
| インドネシア | 5・3 | 4・8 | 5・0 |
| 南アジア | 6・4 | 5・5 | 6・1 |
| インド | 6・8 | 6・4 | 6・7 |

（出典）アジア開発銀行（ADB）、「アジア経済見通し」2023年4月版

アジア新興国の発展が予想される。

## （3）中国経済は質でも米国を追い越すことが予測される　その1

多くの人の中国観は次の様なものであろう。

「中国は人口が多いからGDPが大きいのは当然だ。だが自分で研究する力がない。だから高度の技術は外国から導入し、時には盗用する」。

しかし、もはや中国は自然科学研究において、量と質でトップになっている。

質は一般的に論文の引用数で比較する。「トップ1％」や「トップ10％」等の統計があるが、

ここでは「トップ10%」で見てみたい。

研究論文数　トップ10論文数

１９９８年－２０００年

| 国名 | % |
|---|---|
| ①米国 | 48・5 |
| ②英国 | 11・3 |
| ③ドイツ | 9・7 |
| ④日本 | 7・3 |
| ⑤フランス | 7・1 |
| ⑥カナダ | 5・5 |
| ⑦イタリア | 4・2 |
| ⑧オランダ | 3・6 |
| ⑨豪州 | 3・2 |
| ⑩スイス | 2・7 |

２０１８年－２０２０年

| 国名 | % |
|---|---|
| ①中国 | 33・4 |
| ②米国 | 31・8 |
| ③英国 | 11・4 |
| ④ドイツ | 9・0 |
| ⑤イタリア | 6・7 |
| ⑥豪州 | 6・5 |
| ⑦カナダ | 5・9 |
| ⑧フランス | 5・8 |
| ⑫日本 | 4・0 |

（出典：科学技術指標　2022、文部科学省科学技術政策研究所）

日本人の多くが持つ印象は米国、英国、ドイツ、日本と続く１９９８年－２０００年代のイメージであろう。しかし、２０１８年－２０２０年では情勢は大きく変わっている。中国がトップになっている。大きく下落したのは日本である。

## （4）中国経済は質でも米国を追い越すことが予測される　その2

２０１８年12月31日、日経新聞は「先端技術研究、中国が8割で首位　ハイテク覇権に米警戒」の標題の下、次の警告を出している。

「日本経済新聞はオランダ学術情報大手エルゼビアと共同で、各国の研究開発力を探るため、世界の研究者が最も注目する先端技術の研究テーマ別ランキングをまとめた。次世代の電気自動車（ＥＶ）やロボットなど新産業の要となる電池や新材料などが目立ち、論文数を国別でみると上位30テーマのうち中国が23でトップ。米国の首位は7つにとどまり、ハイテク摩擦の様相を呈する米中の新たな火種になりそうだ」。

## （5）中国経済は質でも米国を追い越すことが予測される　その3：特許数

２０２２年11月21日付日経新聞は「世界の特許出願件数、3年ぶり過去最高　中国がけん引」

の標題で次を報じた。「世界知的所有権機関（ＷＩＰＯ）が21日発表した２０２１年の世界の特許出願件数は３４０万件となり、全体の５割近くを占める中国の出願がけん引した。国別では中国が１５８万件で首位、２位は米国（59万件）、日本は3位（28万件）だった」。

## （6）中国経済は質でも米国を追い越すことが予測される　その4：米国内の警戒感

米国のＩＴＩＦ（Information Technology and Innovation Foundation）というサイトは「アメリカよ、目覚めよ、中国はイノベーション能力でアメリカを追い越しつつある（Wake Up, America）」の標題で、次のとおり報じた。

重要ポイント

中国は、近隣のアジアの虎が切り開いた道をたどり、模倣者から革新者へと進化する立場にあります。スーパーコンピュータや高速鉄道など、多くの先進技術で世界をリードできる能力をすでに証明しています。

中国のイノベーションの可能性は、米国の繁栄と安全にとって重要な高付加価値の先進産業における米国と同盟国の市場シェアを脅かしています。

２０１０年には、中国のイノベーションと先進産業の能力は、比例ベースで（経済規模、人口などを考慮して）米国の能力の約58％であり、絶対値で米国の生産量の78％でした。

２０２０年までに、中国のイノベーションと先進産業の能力は、比例ベースで米国の能力の約75％、絶対値で１３９％に増加しました。

中国は、ＩＴＩＦが調査したほとんどのイノベーション指標と各指標グループで顕著な進歩を遂げており、最大の進歩はイノベーションの成果に現れています。

中国は依然として経済的課題に直面しています。しかし、幅広いイノベーション指標の進歩は、比例的にも絶対的にも、イノベーションと先進産業の生産高で米国を追い越そうとしていることを示唆しています。

## （7）アメリカは中国に抜かれないという主張

もちろんアメリカは中国に抜かれないと主張する米国知識人もいる。その代表はナイ・ハーバード大学教授だ。

２０２０年6月25日ニューズウィークは「〝中国はアメリカに勝てない〟、ジョセフ・ナイ教授が警告」との標題で次を記述している。
・経済力や軍事力といったハードパワーでも、アメリカは優位にある。パンデミック前、中国の経済規模はアメリカの3分の2にまで拡大していたが、成長の勢いは衰え、輸出は減少しつつあった。

・軍事面でも、中国は軍備増強に莫大な投資をしてきたが、依然としてアメリカの軍事力には遠く及ばない。

・シンガポールの建国の父リー・クアンユーに、近い将来、中国がアメリカに代わって世界の大国の地位に就くと思うか質問した。リーは「ノー」と答え、その理由として、アメリカには全世界から有能な人材を引き寄せ、多様性と独創性に昇華させる力があると指摘した。

・2国間または多国間の協力を推進して、ソフトパワーを高める政策を取れば、アメリカは世界における優位を維持できるだろう。

ナイ教授は偉大な学者ではあったが、観念的に走り、経済、安全保障の実態認識が現状と遊離してしまっている。

## （8）中国の発展に合わせ発展するＡＳＥＡＮ諸国

まず、図表「ＡＳＥＡＮの貿易総額における相手国・地域の構成比（％）」を見てみよう。

「ＡＳＥＡＮの貿易総額における相手国・地域の構成比（%）」

| 相手先 | 2010 | 2015 | 2020 |
|---|---|---|---|
| ＡＳＥＡＮ | 24・6 | 23・4 | 21・4 |
| 日本 | 11・0 | 8・9 | 7・8 |
| 中国 | 12・0 | 15・9 | 19・4 |
| 韓国 | 5・1 | 5・3 | 6・4 |
| 米国 | 9・2 | 9・9 | 11・2 |
| ＥＵ | 8・9 | 8・9 | 8・4 |
| インド | 2・8 | 2・6 | 2・4 |

（出典：ＪＥＴＲＯ［貿易マトリックスでみるＡＳＥＡＮ市場の成長と貿易相手の変遷］）

ＡＳＥＡＮの動きを見ると、賢明な動きを示している。

①経済成長の著しい中国とは比重を高めている

②同時に米国との比重を増している（米国は中国との比重をさげ、その分ＡＳＥＡＮとの比重を増している）

③凋落の著しい日本との比率は下がっている

④新興として注目されるインドとの関係は〝まだ〟未発達である

## （9）中国との学術協力を縮小する愚

今、米中対立の影響を受けて、日本には中国との軍事に関連する学術交流、研究交流を制限する動きがある。

中国の軍事力の強化に伴い、これに疑問を述べる声はほとんど聞かれない。でもそれは本当に日本のためになるのか。

軍事転用可能な技術となると、今日、高度な技術はほとんどすべてが網羅される。

私はかつて、イラン・イラク戦争の際にイラクに勤務した。ある日、イラク外務省から日本大使館に抗議が来た。

「我々はいま戦争中である。

日本はこの戦争で中立の立場をとっていると、我々は認識している。

しかし、日本はイランにトヨタのランドクルーザーを大量に輸出している。

イランはこれを兵員輸送に利用しているだけでなく、銃を載せ、戦闘に活用している。日本政府は直ちにランドクルーザーの輸出を停止されたい。さもなくば、日本は我々の敵国として位置づけられる」。

日本が中国に対して、ある商品や研究の提供を止めたとしよう。当然中国は同様に商品や技術の提供を止める。今一度「図表　研究論文数　トップ10論文数」を見ていただきたい。

1998年－2000年「研究論文数　トップ10論文数」で日本は世界の7・3％である。この時、中国はトップ10に入っていない。双方が研究開発の交流を止めて困るのは中国である。他方2018年－2020年を見てみよう。中国は33・4％で日本は4・0％である。双方が研究開発の交流を止めて困るのは日本である。

上は極めて単純な論である。だがこの認識をしている人は日本では少ない。

## (10) 中国に輸出制限する愚　その①

半導体は「産業のコメ」と呼ばれ、1990年代初めは日本が生産で世界をリードした。日米交渉で日本の生産が抑えられ、台湾や韓国が代わって半導体生産の主力国になった。だが、半導体製造装置は日本が依然主要生産国である。

中国を抑え込みにかかっている米国は、今度は日本の半導体製造装置の対中輸出の抑え込みにかかった。政府は2023年3月31日、軍事転用の防止を目的として高性能な半導体製造装置23品目を輸出管理の対象に追加した。主たる対象は中国である。

ここで論点を整理して考えてみよう。(1)この規制が中国に打撃になるか、(2)日本の企業に対する影響。

(1)に関して、成人後来日した外国人として最初に上場した宋文洲氏はツイートで「どんどん制裁してくれ！　これまでも中国の技術は禁輸分野に限って世界トップレベルが多い。半導体はむしろ禁輸されていないから中国企業が本気にならなかった」と発言した。『マネーポスト』は田代尚機氏の次の考えを紹介している。

米諸国による中国半導体産業の封じ込め政策に対抗すべく、コストを低減させるための税制優遇措置、開発を促進させるための補助金、国家産業基金による投資といった資金援助など多方面にわたる政策が中央、地方を問わず、打ち出されている。

また、中国では特に、半導体需要を拡大させるとみられる自動運転、メタバース、ＩｏＴ（モノのインターネット）などにおける開発競争が激しい。最近では ChatGPT の成功により、ＡＩ関連技術の開発競争が更に激しさを増している。後者では、ＡＩチップについて大量のメモリー容量、高い計算処理能力が求められ、それによる半導体の開発需要が大きく高まっている。半導体製造装置はいうまでもない。ただ、国家による支援が頼りというわけではない。欧米の強力なライバルが自ら国内市場から撤退してくれる。そこは中国半導体装置メーカーにとって絶好の草刈り場となる。米国は、最先端の装置に限り中国への輸出を禁止する措置を採るというが、中国側はそれを逆手に、最先端ではない装置に関して、自ら進んで国内代替を加速させる。

ついで日本の半導体製造装置企業についてみてみよう。

半導体製造装置輸出先、2022年（NHK記事内資料）

中国　31％　8200億円

台湾　25％

韓国　17％

アメリカ　13％

中国への輸出は全体の31％である。この輸出減は他市場で埋められない。こんな馬鹿げた産業政策があろうか。しかし、「馬鹿げた産業政策」という声はない。

## ⑾　中国に輸出制限する愚　その②自動車関係

2021年日本の輸出構成は次のようになっている。

自動車　12・9％

半導体等電子部品　5・9％

鉄鋼　4・6％
自動車部分品　4・3％
半導体装置等製造装置　4・0％

半導体の問題はすでに見た。

自動車を見てみよう。自動車は環境問題を中心に急速に電気自動車化している。電気自動車化に負ければ自動車産業で負ける。２０２３年5月16日ニューヨーク・タイムズ紙は「世界は中国抜きで電気自動車のバッテリーを作れるのか?」の論評を掲げ、次のように記述した。

・中国は世界の電気自動車の54％を生産（ＩＥＡ21年データ）
・中国は世界の必須希少鉱物の鉱区を押えている
・電池製造の技術も進み、投資（国家も含む）も進み中国は半分のコストで電池工場を建設できる
・中国と直接的または間接的に何らかの協力がなければ、電気自動車で成功する人はいない

さて、自動車業界はこの事実をどうとらえているのか。

## (12)「ローマは一日にしてならず」→「ローマは二週間でできる?」

グレアム・アリソンは『米中戦争前夜』(2017年)の中で、ハーバード大学の授業の最初で、米中の比較をすると、学生は中国の大きさに驚くと書いた後、近年いかに中国国内の建設が進んでいるかについて記述した。

・アメリカではビルの建設や道路の修復に長い時間がかかることについて文句をいうと〝ローマは一日にしてならず〟と諭されることが多い。だが中国はそんな説教と無縁だ。2005年、中国では二週間ごとに現代のローマに相当する面積の建設工事が行われていた。2011年-13年に中国が製造・使用したセメントの量はアメリカが20世紀全体で製造・使用した量より多かった。ある中国企業が30階建てのビルをたった15日間で建設した。その三年後には、別の会社が57階建てのビルを19日で完成させた。また中国はヨーロッパの全住宅と同じ戸数の住宅を、やはり15日間で建設した。

・現在中国の高速鉄道網は全世界の高速鉄道網の合計を上回る。

## (13) 中国は物づくり、金融は米国が一般的観念。だが実は中国は金融でも強くなった

「物づくり」が強ければ、金融が強くなる。それはかつて日本の歩んだ道である。

当時日本の銀行は自己資本比率が高くなく、これをＢＩＳ規制で逆手に取られ、日本の銀行は凋落した。中国の銀行もいつの間にか、世界最強の仲間入りをしている。

Ｇ－ＳＩＢｓに指定された主要金融機関の総資産と自己資本比率（ＣＥＴＩ）

（引用：英語表記「Global Systemically Important Banks」の略で「グローバルなシステム上重要な銀行」のこと。金融安定理事会（ＦＳＢ）が世界的な金融システムの安定に欠かせないと認定した銀行を指します。国際合意に基づき、金融機関ごとにシステム上の重要性を評価し、リスク・アセット対比で一定水準の追加的な資本の積み立てを求めるなど、ＴＬＡＣの対象となる金融機関です。ＦＳＢは２０１１年からＧ－ＳＩＢｓの認定を行っており、まず29行を指定し、その後、適宜入れ替えを実施しています）

| 順位 | 銀行グループ名 | 国名 | 総資産兆円換算 | 自己資本比率（%） |
|---|---|---|---|---|
| 1 | 中国工業銀行 | 中国 | ７６６ | 14・0 |
| 2 | 中国農業銀行 | 中国 | ６５４ | 11・1 |
| 3 | 中国建設銀行 | 中国 | ５５９ | 13・5 |
| 4 | 中国銀行 | 中国 | ５５９ | 11・8 |
| 5 | JPモルガンチェース | 米国 | ４８７ | 13・2 |
| 6 | HSBC HD | 英国 | ４８６ | 14・2 |

| | | | | |
|---|---|---|---|---|
| 7 | バンクオブアメリカ | 米国 | 405 | 11・2 |
| 8 | 三菱UFJ | 日本 | 391 | 9・9 |
| 9 | BNPパリバ | 仏 | 384 | 12・3 |
| 10 | クレディアグリコル | 仏 | 343 | 17・6 |
| 11 | シティグループ | 米国 | 321 | 13・0 |
| 12 | 三井住友FG | 日本 | 265 | 13・8 |
| 13 | みずほ | 日本 | 252 | 11・7 |
| 14 | ウェルズ・ファーゴ | 米国 | 250 | 10・6 |
| 15 | サンタンデール | スペイン | 250 | 12・0 |
| 16 | バークレイズ | 英国 | 248 | 13・9 |
| 17 | ソシエテ・ジェネラル | 仏 | 243 | 13・5 |
| 18 | BPCEグループ | 仏 | 220 | 15・1 |
| 19 | ドイツ銀行 | 独 | 192 | 13・4 |
| 20 | ゴールドマン・サックス | 米国 | 191 | 15・1 |

## （14）「通貨の武器化」で劣勢の中国は現時点で米中対立の激化は出来ない

中国は物づくりで「世界の工場」の地位を獲得した。

最近の話題では２０２２年3月9日、日経新聞は「中国、EV輸出首位　昨年3倍の50万台、〝世界の工場〟に」と報じている。

すでに銀行では総資産で中国がトップ・テンの上位を占めている。

だが、中国には大きい弱点がある。貿易決済で、人民元がほとんど使われていないことだ。国際決済銀行（ＢＩＳ）の行った世界の外為市場取引額調査によれば、２０２２年4月時点で、主要5通貨の割合は、1位ドル44・2％、2位ユーロ15・3％、3位円8・3％、4位ポンド6・5％、5位人民元３・５％である。

ウクライナ戦争で米国は、ロシアに対し、貿易決済でドル使用を禁じた。国際的な銀行間の決済システムＳＷＩＦＴ（国際銀行間通信協会）からロシアを追い出した。米国内にある特定ロシア人のドル資産を凍結した。「ドルの武器化」である。

仮に台湾をめぐり、米中が何らかの形で軍事的に対立する際には、中国の貿易で、ドルの使用を禁じられる可能性がある。

ウクライナ戦争が開始されてから、中国は通貨面での脆弱性を強く意識した。中国は貿易で人民元を使用する策を次々打ち出した。２０２３年に入り、

2月23日：イラクが、同国の民間企業が中国から商品を輸入する際、人民元での決済を認可。

3月27日：サウジアラビアの国有石油会社サウジアラムコが人民元決済を開始。

3月28日：中国海洋石油とフランスのトタルエネルギーが、両国初となる人民元決済による液化天然ガス貿易を実施。

4月26日：アルゼンチン政府は、中国からの輸入品の決済をドルから人民元に切り替えると発表。

中国ではGDPに対する財・サービス貿易の比率は2020年に34・5%である。中国経済は貿易に大きく依存している。台湾問題を発端に、貿易でドル使用を禁じられれば、大変な打撃である。通貨問題だけ見ても、人民元の決済比率が上昇するまで、当面は自重せざるを得ない。

2023年5月12日、日経は次を報じている。

「SWIFTの統計によれば、国際貿易決済に使われている人民元の比率は3月時点で4・5%になった。21年3月（1・94%）と比べると二倍以上」。

## (15)「ドル覇権の崩壊」と米国覇権の崩壊① IMFの見方

2022年3月24日IMFはワーキング・ペーパーとして「ドル支配のステルス侵食（The Stealth Erosion of Dollar Dominance）」を発表し、その中で「外貨準備金におけるドルの交代が発生している。興味深いのはこの交代は英ポンド、EU通貨、日本円等に代えられているのではなく、中国元やその他大国でない国々の通貨の蓄積という形態をとっている」と指摘している。つまり、「ドル覇権の崩壊」はG7体制の崩壊でもある。

Alex Lo（香港のコラムニスト）は2023年4月「ドル優位の終焉は、米国の覇権の終焉も意味する（End of dollar dominance will also spell demise of US hegemony）」と題する論評を発表している。

極めて興味深い現象は、ドル覇権の崩壊と、政治における米国覇権の崩壊が同時に生じていることである。

ジャマル・アフマド・カショギ（サウジのジャーナリスト、米国で活動。サウジの民主化を主張）の殺害を巡り、バイデン政権とサウジ皇太子が対立、これを契機に、サウジは米国が敵対勢力と見なすイラン、シリア、パレスチナとの関係修復に向かった。

こうした動きの中で中国が外交的主導力を見せている。

「サウジアラビア外相とイラン外相が2023年4月6日、北京で会談した。敵対関係にあった両国は3月、中国の仲介で外交関係を7年ぶりに正常化することで合意していた。今回の会談も中国が仲介し、関係改善が具体化しつつある。中東への関与を減らす米国を尻目に、中国の存在感が高まっている」。

米国はこの点を意識し、グローバル・サウスと呼ばれるアジアやアフリカなどの新興国や発展途上国を引き寄せようとしていて、2023年のG7広島サミットで大きなテーマとなった。

## (16)「ドル覇権の崩壊」と米国覇権の崩壊② イエレン財務長官の懸念

さて、読者は「ドル覇権の崩壊」の記述をどう読まれたか。たぶん「オオカミ少年」の部類に位置づけられたことと思う。

だが2023年4月17日のAFP「イエレンは、制裁は米ドルの覇権を危険にさらす可能性があると言う（Yellen says sanctions may risk hegemony of US dollar）」を見ていただきたい。

「イエレン財務長官は日曜日、米国がロシアやその他の国に課した経済制裁は、対象国が代替策を模索する中、ドルの優位性を危険にさらしていると述べた」。

## (17) 覇権争い：No・1がNo・2に抜かれると感じた時、戦争が起こる

私は1985年から86年の一年間、研究員としてハーバード大学国際問題研究所に所属した。ここでは、どの授業も聴講が可能であった。著名な本を出す教授がずらりといた。『決定の本質――キューバ・ミサイル危機の分析』（1977年）のアリソン、『文明の衝突』のハンティントン、『歴史の教訓――アメリカ外交はどう作られたか』（2004年）のメイ等がすでに発表済みのもの、考察中のものを授業で紹介していた。

その中で圧巻はナイである。講義は学生で溢れていた。席がなくて学生は通路にも座っていた。

切れ味良く、国際政治の核心に切り込んでいく。彼の最初の講義は「広島、長崎への原爆投下は正当化できるか」であった。この講義で、忘れられぬナイ教授の科白がある。

「Ｎｏ・１がＮｏ・２に抜かれると感じた時、戦争が起こる」。

今まさに米国は「Ｎｏ・１（米国）がＮｏ・２（中国）に抜かれる」と感じている時であろう。

ナイは自著『国際紛争』の中で同じ論を展開している。


トゥキディディスがペロポネソス戦争を記述して以来、新たな大国の台頭は不確実性と不安定をともなうと、歴史家たちは学んできた。（そうした台頭には）つねにではないにしろ、暴力的な紛争が続くことが多かった。世界最大の人口を擁する中国の経済・軍事大国としての台頭は、新世紀の幕開けに際して、アジアとアメリカの外交政策にとって、中心的な問題であろう。

「いずれにせよ、ペロポネソスとの戦争は不可避なのだ、という観測が一般的だった」と、彼は記している。中国との戦争は不可避だと言う信念は同様に自己実現的効果を持ちうるであろう。


この見解の逆の考えは「ＷＩＮ・ＷＩＮ」関係の構築である。

グレアム・アリソンはサイトＴＥＤで「米中戦争は不可避か（Is war between China and the US

inevitable?)」の講演を行い、①過去500年、No・1がNo・2にその座を脅かされた例が16ありうち12が戦争になった。②米国人は長期にわたって世界のNo・1であり。アメリカそのものである。従ってNo・1の座を脅かされることは米国への攻撃とみなされている。③米中衝突の危険は世界の多くの所で感じられているが、今日合理的な解決策は提示されていないと指摘している。

## (18) 米国民にとってどの国が敵か

ギャラップ社は「世界における米国の位置（U.S. Position in the World）」という報告を発表している。その中に「アメリカの最大の敵国はどこか（What one country anywhere in the world do you consider to be the United States' greatest enemy）の問いがある。回答を%で見てみたい。

| 国名 | 2023 | 22 | 21 | 20 | 19 | 18 | 16 | 15 |
|---|---|---|---|---|---|---|---|---|
| 中国 | 50 | 49 | 45 | 22 | 21 | 11 | 12 | 12 |
| ロシア | 32 | 32 | 26 | 23 | 32 | 19 | 15 | 18 |
| 北朝鮮 | 7 | 6 | 9 | 12 | 14 | 51 | 16 | 15 |
| イラン | 2 | 2 | 4 | 19 | 9 | 7 | 14 | 9 |

アフガニスタン　１　１　１　１　２　－　４　３
イラク　－　－　２　７　２　２　５　８

これらの回答は米国政府が敵視している度合いとほぼ一致している。いかに操作が機能しているかを示している。

２０１５年はいわゆる「悪の枢軸」のイラン、イラク、アフガニスタン、北朝鮮は合計で35％であったが、２０２３年には10％に過ぎない。

中国に対しては急速に増大している。２０２３年はまだウクライナでロシアが戦争を行っている時にもかかわらず、中国の脅威の方が大きい。この認識が米国のウクライナ支援にどう影響を与えていくか。

## ⒆　米中対立激化の中で、中国は米国に何を訴えているか

米中の対立が高まる中、中国はアメリカにどう訴えているのか。代表的な例は王毅外交部長が２０２２年9月24日・ニューヨークにあるアジア協会で行った講演であろう。

・両国が相互に依存し合う現実は無視され、協力・ウィンウィンの歴史が歪曲され、対話・コミュニケーションのルートが塞がれ、いわゆる『戦略競争』が危険なやり方で定義されている。

・中国国民と多くの国の人々は米国に対して次のような疑問を呈することになった。

米国は「民主主義対権威主義」との物語を練り上げ、矛先を中国の政治制度、発展の道のり、政権党に向けている。こうした状況の中で、中国の体制変更を求めないとした約束を米国はどうやって履行するのだろうか。

米国は中国を「最も重要な競争相手」、「最も深刻で長期的な挑戦」と定義し、中国への全方位的な抑制を実施している。こうした状況の中で、新たな冷戦が起こるのをどうやって回避するのだろうか。

米国は中国の強い反対を無視して、25年ぶりの下院議長の「台湾訪問」を認めることに固執した。1回また1回の公的な往来が行われるごとに、実質的な関係を絶えず格上げし、1回また1回と武器を売り、さらには攻撃的武器までも売るようになった。最近は再びいわゆる「台湾政策法案」の審議を推し進めている。こうした状況の中で、「台湾独立」を支持しないとの重要な態度表明をどうやって実現するのだろうか。

米国は対中貿易戦を続け、世界貿易機関（WTO）にルール違反と判定されても、なお米国に輸出する約3600億ドル（約51兆5952億円）の中国製品に対して高額の関税を課すことに固執すると同時に、中国企業に対する一方的な制裁のリストをどんどん長くしている。こうした状況の中で、中米と世界の産業チェーン・サプライチェーンの安定をどうやって維持するのだろうか。

・米国がゼロサム思考で中米関係を処理しようとするなら、また引き続き『ポリティカル・コレクトネス』で対中政策を誤った方向へ誘導しようとするなら、中米関係を衝突・対抗の結末に向かわせることになる。私たちは声を大にして言う。今はまさに、これまでを真剣に振り返って反省し、正しい軌道に戻るべき時だ。

# 第五章　台湾海峡で米中が戦えば米国が負ける

## （1）ランド研究所の見解

台湾海峡で米中が戦えばどうなるか。

多くの人にとっては、愚問であろう。「米国が勝つに決まっているじゃないか」である。この考え方を、最初に明確な論理で覆したのはランド研究所で、2015年、論評「アジアにおける米軍基地に対する中国の攻撃」を発表した。

ランド研究所は安全保障分野において米国で最も権威ある研究所で、多くの国防長官、安全保障担当大統領補佐官、ノーベル賞受賞者を輩出してきた。上記論文発表当時、報道はされなかったが、防衛省内に激震が走ったという。

○中国は自国本土周辺で効果的な軍事行動を行う際には、全面的に米国に追いつく必要はない。
○特に着目すべきは、米空軍基地を攻撃することによって米国の空軍作戦を阻止、低下できる。
○一九九六年の段階では中国はまだ在日米軍基地をミサイル攻撃する能力なし。
○中国は日本における米軍基地を攻撃しうる一二〇〇の短距離弾道ミサイルと中距離弾道ミサイル、巡航ミサイルを保有する。
○ミサイルの命中精度も向上。
○滑走路攻撃と基地での航空機攻撃の二要素がある。
○台湾のケース（実際上は尖閣諸島と同じ）は嘉手納空軍基地への攻撃に焦点を当てた。台湾周辺を考慮した場合、嘉手納基地は燃料補給を必要としない距離での唯一の空軍基地である。
○ミサイル攻撃は米中の空軍優位性に重要な影響を与える。それは他戦闘分野にも影響を与える。
○米中の軍事バランス：台湾周辺

一九九六年　米軍圧倒的優位
二〇〇三年　米軍圧倒的優位
二〇一〇年　ほぼ均衡
二〇一七年　中国優位

米軍は素晴らしい戦闘機を持っている。だが台湾に向けて飛び立つ米軍基地の滑走路を破壊すれば最早戦闘に参加できなくなる。中国が制空権を確保することになる。

## (2)アリソン、クリストフの指摘「18のウォーゲームの全てでアメリカは敗れている」

情報が洪水のように溢れる中、その情報の信頼度を考える際には、発信者が誰で、どの機関で発信されたかを見ることが役に立つ。

米国においては、名声を獲得している人物や機関は自己の見解を発表する前に入念な検証を行っている。著名な雑誌は一つの論文を掲載する前に三名程度の専門家の意見を聞く。

ハーバード大学「ケネディ・スクール」初代院長グレアム・アリソンは、安全保障分野で最も信頼度の高い学者である。また、『フォーリン・アフェアーズ』誌は外交・安全保障分野で最も高い評価を受けている雑誌である。

グレアム・アリソンは『フォーリン・アフェアーズ』誌2020年3月号に「新しい勢力圏と大国間競争――同盟関係の再編と中ロとの関係」を発表し、その中で「台湾海峡有事を想定した、18のウォーゲームの全てでアメリカは敗れている」と記述した。

ニューヨーク・タイムズのコラムニスト、ニコラス・クリストフは、米国のジャーナリストにとって最高の栄誉であるピューリッツァー賞を二度受賞している。彼は、ニューヨーク・タイムズ紙で「いかに中国との戦争が始まるか（This Is How a War With China Could Begin, First, the light in Taiwan go out［2019年9月4日］」を発表し、この中で、「中国は空母を攻撃する能力など、軍事力を大幅に増強してきた。ペンタゴンが行った、台湾海峡における米中の戦争ゲーム（war game）で、米国は18戦中18敗したと聞いている」と記載した。

さらに、オリアナ・マストロ研究員は同じく『フォーリン・アフェアーズ』誌2021年7・8月号に「最近ランド研究所とペンタゴンとで行われたウォー・ゲーム（複数）で、台湾を巡る米中軍事衝突は米国が敗北するだろうということを示した」と記載した。マストロ研究員はスタンフォード大学の研究所に所属し、米空軍勤務歴を有する新進の学者である。

## （3）「中国の侵攻は撃退可能、米軍の損害も甚大」――台湾有事シミュレーション

ブルムバーグは2022年8月10日、上記標題のもと、下記を報じた。

ホワイトハウスから遠くないオフィスビルの5階が作業場となった非公式な未来予測は、2026年の中国の台湾侵攻に対応する米国の軍事行動を想定し、米側の視点を参加者が持ち込んだとはいえ、米国と台湾が勝利するとすれば、莫大な犠牲の下で可能という結果を得た。

米戦略国際問題研究所（CSIS）のシニアアドバイザー、マーク・キャンシアン氏は〝全

てではないが大半のシナリオで、台湾が侵攻を撃退できるとの結果が示された。しかし台湾のインフラストラクチャーと経済、太平洋の米軍の損害は非常に大きいだろう〟と説明した。

上記のシミュレーションは具体的な内容が不明であるので評価はできない。但し、米戦略国際問題研究所（CSIS）は世論形成に貢献する割合が高い。

WILL2023年6月号は「台湾問題『必要なのは言葉より力　台湾の危機は日本の危機――必要なのは百の議論より防衛力増強だ』櫻井よしこ－萩生田光一」とともに「日本が参戦しなければ日米同盟は終わる、ロバート・サター」の論評を掲載している。こうした政策と上記評価がリンクされている可能性はある。

## （4）米国の狙いは台湾と日本が中国と軍事紛争を行うこと、ウクライナのパターン

台湾で米中はどの様な約束をしてきたか。

ウクライナ問題は、米国が1990年NATO拡大をしないという約束を反故にし、NATOがウクライナに拡大する動きを見せたことが、ロシアのウクライナ侵攻の主たる理由であることを見てきた。

私達は、安倍元首相が2022年2月27日（日）のフジ「日曜報道 THE PRIME」で司会者の「プー

チンがＮＡＴＯの東方拡大について不満を漏らしたことがあったのですか」との問いに「米ロ関係を語る時に（プーチンは）基本的に米国に不信感をもっているんですね。ＮＡＴＯを拡大しないことになっているのにどんどん拡大しているんですね。米国に基本的に不信感をもっているんですね」と述べたのを見た。

「米国が約束を反故にして緊張を作る」という構図は、台湾問題でも同じである。

## （５）米国が中国にどのような約束をしてきたか

米国が台湾問題でどのような約束を中国との間で行ってきたかは極めて重要であるので、みてみたい。

①出発点は、ニクソン米国大統領が中国を訪問した際の第一次米中共同声明（上海コミュニケ）

「米国側は次のように表明した。米国は、台湾海峡の両側のすべての中国人が、中国はただ一つであり、台湾は中国の一部分であると主張していることを認識している。米国政府は、この立場に異論をとなえない。米国政府は、中国人自らによる台湾問題の平和的解決についての米国政府の関心を再確認する。かかる展望を念頭におき、米国政府は、台湾から全ての米国軍隊と軍事施設を撤退ないし撤去するという最終目標を確認する。当面、米国政府は、この地域の緊張が緩和するにしたがい、台湾の米国軍隊と軍事施設を漸進的に減少させるであろう」。

②キッシンジャーと周恩来会談で周恩来は、「台湾は中国の内政問題」と言い、キッシンジャーも「我々は〝二つの中国〟や〝一つの中国、一つの台湾といった解決を擁護してはいません」と述べている。

米中が関係を改善しようとした時に、いかなる約束を米国は行ったか。『周恩来・キッシンジャー機密会談録』で見てみたい。

第一回会合　1971年7月9日

・周恩来首相：合衆国政府は、台湾は中国の一部だと考えていました。1949年から50年の初めのころです。それまでに台湾はすでに祖国に復帰していました。中国が祖国です。米国は、台湾に対してもほかの中国の領土に対しても、領土的な野心はないと述べていました。それゆえ合衆国は中国の内政問題に干渉する意思はなく、中国の人民に内政問題の解決を任せる、と宣言していました。その姿勢は当時のどの文書にも書かれていました。

その後しばらくして朝鮮戦争が勃発し、貴方方は台湾を包囲し、台湾の地位は未定だと宣言しました。今日にいたるまで、貴国のスポークスマンはそれが貴国の立場だと言っています。これが問題の核心です。

**もしこの問題が解決されなければ、全ての問題の解決は困難になるでしょう。**

歴史は台湾が千年以上も中国に属してきたことを示しています。この問題の半ばの一時、台湾は中国が日本に敗れた時に、日本に取り上げられました。カイロ宣言、テヘラン宣言と日本の降伏によって中国に返還されました。アチソン白書もトルーマン声明もそれを証明しています。

それゆえ、中国の承認については、合衆国は何の留保もなく、そうしなければなりません。台湾は中国の一省であり、すでに中国に復帰し、譲ることのできない領土の一部です。

キッシンジャー：私は総理が述べられた歴史的な分析についてはほとんどの部分に賛成します。朝鮮戦争が起こらなければ、何の問題もなかったと思います。台湾はおそらく中国の一省になっていたでしょう。理由はどうあれ、一定の歴史が経過してしまい、我々の外交政策のいくつかの原則が絡んでしまっています。

問題を二つの部分に分けるために言っています。第一は台湾と台湾海峡の軍事情勢、第二は台湾と中華人民共和国の間の政治的展開の問題です。

周恩来：それは私の意見と異なります。我々は台湾との関係は中国の内政問題であると考えます。

中国と合衆国の間で関係が樹立されるならば、合衆国は中華人民共和国が中国の唯一の正当な政府であり、台湾省は中国の譲ることのできない領土の一部であり、祖国に復帰されるべきだとみとめなければならないということです。

キッシンジャー：現在われわれが台湾に軍事展開しているのは、二つの要素から成り立っています。その三分の二はアジアの他の地域の活動に関与しており、三分の一が台湾の防衛に関与しています。

**台湾の政治的な解決に関しては、我々は「二つの中国」や「一つの中国、一つの台湾」といった解決を擁護してはいません。歴史の研究者として言えば、周恩来総理が私にしめされた様な方向に政治的には展開していくだろうという予測にならざるを得ないでしょう。**

③アメリカ合衆国と中華人民共和国との間の外交関係樹立に関する共同コミュニケ　1978年12月15日（1979年1月1日付）

アメリカ合衆国は、中華人民共和国政府が中国の唯一の合法政府であることを承認する。この範囲内で、合衆国の人民は、台湾の人民と文化、商業その他の非公式な関係を維持する。

④中華人民共和国とアメリカ合衆国の共同コミュニケ（米国の対台湾武器売却問題について）（1982年8月17日、北京・ワシントン）

1979年1月1日にアメリカ合衆国政府と中華人民共和国政府により発出された外交関係樹立に関する共同コミュニケにおいて、アメリカ合衆国は中華人民共和国政府を中国の唯一の合法政府であることを承認し、中国はただ一つであり、台湾は中国の一部であるとの中国の立場をアクノレッジした（The Government of the United States of America acknowledges the Chinese position that there is but one China and Taiwan is part of China.）。**そうした関係の範囲内で**、双方は、アメリカ合衆国が台湾の人々と文化、交易、その他の非公式な関係を維持していくことに合意した。この基礎の上に、米国と中国の関係は正常化された。

⑤上記文書の総括
米国は一貫して、「台湾は中国の一部である」との中国の立場を受け入れ、その範囲内で台湾関係を有してきている。

## （6）日本は中国との間にどのような約束をしたか

①日本国政府と中華人民共和国政府の共同声明（1972年9月29日）
「中華人民共和国政府は、台湾が中華人民共和国の領土の不可分の一部であることを重ねて表明する。日本国政府は、この中華人民共和国政府の立場を十分理解し、尊重し、ポツダム宣言第八項に基づく立場を堅持する」。

ポツダム宣言第八項は「カイロ宣言の条項は、履行せらるべく、又日本国の主権は、本州、北海道、九州及四国並に吾等の決定する諸小島に局限せらるべし」としている。

カイロ宣言は「台湾及澎湖島の如き日本国が清国人より盗取したる一切の地域を中華民国に返

還する」という項目がある。中国は基本的に中華民国が外国と結んだ条約を継承する立場である。従って、１９７２年日本政府は「ポツダム宣言第八項に基づく立場を堅持する」という立場を入れることによって、台湾は中国に返されるべきとの主張を一段と強めている。

②日本国と中華人民共和国との間の平和友好条約（１９７８年８月12日締結、10月23日衆参両院で圧倒的多数で批准）

日本は中国との間で平和友好条約を締結し、ここで「共同声明に示された諸原則が厳格に遵守されるべきことを確認し」としている。

更に日中間には、「ポツダム宣言第八項に基づく立場を堅持する」と特記している。

## （7）いかなる時に台湾を巡り軍事紛争が起こるか

台湾が独立を宣言した時、あるいは独立を宣言することが確実な時、中国が台湾に対して軍事行動をとる可能性は高い。

２０２２年10月、習近平国家主席は共産党大会において、総書記として報告を行い、台湾をめぐっては「『平和統一、一国二制度』の方針は両岸の統一を実現する最善の方法だ」として、香港やマカオで導入されている「一国二制度」による台湾統一の方針を改めて強調した。そのうえで「最大の誠意と努力で平和的な統一を堅持するが、**決して武力行使を放棄せず**あらゆる必要な措置をとるという選択肢を残す」と述べ、統一のためには武力行使も辞さない姿勢を示した。

2023年3月7日の全国人民代表大会時に、秦剛外交部長が記者会見ホールで記者会見を行い、台湾問題について次のように述べた。

「**台湾問題は中国の内政で、いかなる外国の干渉も許さない。台湾問題は中国の核心的利益の中の核心であり、**中米関係の政治的な基礎であり、中米関係にとって最大の越えてはならないレッドラインだ。『台湾独立』分裂勢力は台湾海峡の平和・安定と相容れない関係にある。台湾海峡の平和・安定にとっての真の脅威は『台湾独立』分裂勢力だ。その拠り所となるのは一つの中国原則で、真のガードレールは中米3つのコミュニケだ。台湾問題をうまく解決できなければ、中米関係にも深刻な影響を与えることになる。もし米国が本当に波風のなく静かで穏やかな台湾海峡を望むなら、『台湾を以て中国を制する』企みをやめ、一つの中国原則の初心と本義に戻り、中国への政治的承諾を厳守し、『台湾独立』勢力に断固反対し、制止すべきだ」。

### (8) 台湾世論動向

私達は、過去、台湾問題について米国や日本がどのような約束をしてきたかをみた。「こうした約束は守られるべきだ」と主張すると、「しかし、台湾の人々の意思は尊重されねばならない」という反論が出る。

では、台湾の人々は独立の問題をどのようにとらえているのであろうか。

２０２２年、台湾の国立政治大学選挙研究中心が実施した世論調査は次の通りである。

| | |
|---|---|
| 即時独立 | 4・6％ |
| 即時統一 | 1・2％ |
| 現状維持、後決定 | 28・7％ |
| 現状維持、永遠に | 28・5％ |
| 現状維持、後統一へ | 6・0％ |
| 現状維持、後独立へ | 4・9％ |
| 無回答 | 5・6％ |

上記の世論調査は、68・1％が少なくとも当面現状維持である。

台湾が現状維持であれば、中国が武力行使を行う可能性は極めて低い。

## （9）尖閣諸島の法的位置づけ① 国際的にみれば尖閣は「日本固有の領土」ではない

日本は第二次大戦で敗れた。

広島、長崎への原爆投下の後、日本は「ポツダム宣言」を受諾した。

今日、日本は8月15日を「終戦の日」としている。これは昭和天皇が玉音放送によりポツダム宣言を受諾することを国民に公表した日である。

そして1945年9月2日、日本は東京湾上のアメリカ戦艦ミズーリの甲板上において降伏文書に調印した。日本側からは、天皇および大日本帝国政府を代表して重光葵外務大臣が、また大本営を代表して梅津美治郎参謀総長が署名した。連合国側からは、米国、中華民国、英国、ソ連、豪州、カナダ、フランス、オランダ、ニュージーランド代表が署名した。ここでは「**ポツダム宣言を誠実に履行すること及びそのために必要な命令を発しかつかかる一切の措置を取ることを約する**」との内容を含む。

今日、日本において、ごく一部の人を除いて、ポツダム宣言を守らなくてもいいという人はほとんどいない。だが、このポツダム宣言で領土問題がどの様に扱われているかを知っている人は、驚くほど少ない。ポツダム宣言は次を記載する。

「**カイロ宣言の条項は、履行せらるべく、又日本国の主権は、本州、北海道、九州及四国並に吾等の決定する諸小島に局限せらるべし**」。

日本の主権は「本州、北海道、九州及四国」と連合国側が認めた島である。連合国側が認めていなければ、「日本固有の島」としての主権は認められない。

## (10) 尖閣諸島の法的位置づけ② 連合国の対応

連合国最高司令官指令（Supreme Commander for the Allied Powers Directive）677号は次を規定している。

3　この指令の目的から日本と言う場合は次の定義による。
日本の範囲に含まれる地域として
日本の四主要島嶼（北海道、本州、四国、九州）と、対馬諸島、北緯30度以北の琉球（南西）諸島（口之島を除く）を含む**約1千の隣接小島嶼**
日本の範囲から除かれる地域として
(a)欝陵島、竹島、済州島。(b)北緯30度以南の琉球（南西）列島（口之島を含む）、伊豆、南方、小笠原、硫黄群島、及び大東群島、沖ノ鳥島、南鳥島、中ノ鳥島を含むその他の外廓太平洋全諸島。(c)千島列島、歯舞群島（水晶、勇留、秋勇留、志発、多楽島を含む）、色丹島。
4　更に、日本帝国政府の政治上行政上の管轄権から特に除外せられる地域は次の通りである。

(a)1914年の世界大戦以来、日本が委任統治その他の方法で、奪取又は占領した全太平洋諸島。(b)満洲、台湾、澎湖列島。(c)朝鮮及び(d)樺太。

5　この指令にある日本の定義は、特に指定する場合以外、今後当司令部から発せられるすべての指令、覚書又は命令に適用せられる。

**つまり、連合国側は尖閣諸島を日本国領土としたことはない。**

## (11) 尖閣諸島の法的位置づけ③　米国の対応（主権は係争中）

米国は沖縄を施政下においていた時には、尖閣諸島を管轄していた。

1971年6月17日、沖縄返還協定が調印されたが、プレイ国務省スポークスマンは、当日の会見で、**尖閣諸島の「施政権」は沖縄返還に伴って日本に返還されるが「主権」の帰属については中立の立場**をとるという態度を明らかにした。

2004年3月24日エアリ国務省副報道官は「**尖閣の主権は係争中である。米国は最終的な主権の問題に立場をとらない**」と述べている。

米国防総省のカービー報道官は2021年2月27日、26日、沖縄県・尖閣諸島の主権に関する日本の立場を支持するとした自身の発言について、「修正したい。尖閣諸島の主権をめぐる米政府の方針に変わりはない」と述べている。

つまり、日米同盟のパートナーである米国も、「尖閣諸島は日本の主権」という立場はとっていない。

## (12) 尖閣諸島は「主権は係争中だが管轄は日本」という解決① 米国の対応

本来、管轄権は領有権と深い関係にある。

だが、米国は台湾に施政権を及ぼしていた時、尖閣諸島を施政の範囲に収めていた。

そして、沖縄返還の時に、「主権の帰属については中立の立場をとる」「施政権は沖縄返還に伴って日本に返還する」という不思議な処理をした。

少し考えてみよう。

日本も中国も台湾も主権を主張している。その中で、外交的にどこかの国の主権が認められるということは不可能に近い。

このうち「施政権を日本が持つ」という解決で、誰が得するか。中国か、台湾か。日本である。

## (13) 尖閣諸島は「主権は係争中だが管轄は日本」という解決② 栗山元外務次官の説明

栗山尚一氏は戦後の外務省の中で、もっとも影響力を持った人物のひとりである。1989年~91年には外務事務次官、1992年~95年には駐米国大使を務めた。

2012年10月7日、産経新聞は「日中国交正常化40年秘話」と題して、栗山氏のインタビューを掲載した。

(1972年の日中首脳会談で尖閣問題について) この問題は無理をしないで、棚上げしましょうということで暗黙の了解が日中の首脳間にできたということはその通りだと思うんです。

(72年の来日時に) 鄧小平副首相はそれを再確認したいと言ったのに対して、当時日本側は「違いますよ。そんなことは了解したつもりはまったくありません」ということを言わなかった。72年の時に周恩来さんと田中さんの間で事実上そういう了解があったということを日本側も引き継いで、鄧小平も引き継いで、そしてもう一度78年に再確認した。暗黙の了解があった。それは事実だと僕は思います。(注:1978年の平和友好条約における「共同声明に示された諸原則が厳格に遵守されるべきことを確認し」の項目に注目されたい)

1972年、日中国交回復のとき、条約面での実務責任者を務めたのは栗山氏である。彼ほどに、当時尖閣問題がどのように討議されたかを知る人物は他にいない。その同氏が「棚上げ」の存在を「事実だ」と認めている。

## (14) 尖閣諸島は「主権は係争中だが管轄は日本」という解決③　橋本恕（当時中国課長）の説明

尖閣諸島に日中間で合意があったかどうかの一番重要な会議は、田中－周恩来会談である。周首相は「日中は大同を求め小異を克服すべきである」と発言した。対する田中首相は「具体的問題については小異を捨てて、大同につくという周首相の考えに同調する」と発言した。ここで言う「小異」が、尖閣諸島問題のことだった。

この田中・周会談に先立って、水面下ではさまざまなやり取りが行われていた。中でももっとも重要だったのが、竹入義勝公明党委員長と周首相の会談である。

ここで周首相は、竹入委員長に「尖閣諸島は触れないようにしよう」と提案した。日本側も「中国側が持ち出さないなら、我々のほうからも持ち出さない」という方針を決めた。大平正芳外務大臣の了承も取っている。今日では誰も言及しないが、実質的に「棚上げにしておこう」という考えは、日本政府の基本方針だった。これが、周首相が「日中は大同を求め小異を克服すべきである」と発言した背景である。

こうした了解があるにも関わらず、第三回目の首脳会議で田中首相が「尖閣諸島についてどう思うか？」と言い出した。同席していた者はみな驚いた。事前に「その話は日本側から持ち出さない」と決めていたわけだから。

掟破りのこの質問に、周首相は「尖閣諸島問題については、今回は話したくない。いま、これを話すのはよくない」と応える。

現在、日本外務省はこれで会談が終わったとしている。

しかし、国交正常化交渉に中国の顧問として深くかかわった張香山氏の回想録には、周首相の発言に引きつづいて、田中首相が「それはそうだ。（いまは）これ以上話す必要はない。また別の機会に話そう」と言った、と書かれている。

田中首相が「それはそうだ」と言ったのか、言わなかったのか。これは極めて重要である。なぜなら、「棚上げ」は中国が一方的に言っただけなのか（現在の日本政府の立場）、日本も了解したのか、という事実関係に大きく影響する。

この会談録は、出席した橋本恕アジア局中国課長が書き残し、外務省で保存した。その現物はどうなっているか。会談録の原本は、現在、行方がわからなくなっている。新聞報道によれば1988年9月にタイプライターで打ち直したあと、処分してしまったとも言われている。

しかし、その当時、中国課長で会談に出席していた橋本氏は、このときの内容をしっかりと、しかもひっそりと、誰しもが気づかないようなところに書き残していた。

『去華就實　聞き書き・大平正芳』（大平正芳記念財団、2000年）の中に、「橋本恕氏（元大平正芳外相時代の中国課長）に聞く日中国交正常化交渉」という部分がある。ここで橋本恕氏は次のように答えている。

周首相が〝いよいよこれですべて終わりましたね〟と言った。ところが〝イヤ、まだ残ってい る〟と田中首相が持ち出したのが尖閣列島問題だった。周首相は〝これを言い出したら、双方とも言うことが一杯あって、首脳会談はとてもじゃないが終わりませんよ。だから今回はこれに触れないでおきましょう〟といったので、田中首相の方は〝それはそうだ。じゃ、これは別の機会に〟ということで交渉はすべて終わったのです。

参考として、日中国交回復時の交渉：田中総理・周恩来総理会談記録（日本政治・国際関係データベース、東京大学東洋文化研究所）は次のように記している。

「（周恩来）：日中は大同を求め小異を克服すべきである。

（田中）大筋において周総理の話はよく理解できる。具体的問題については小異を捨てて、大同につくという周総理の考えに同調する。

（田中）：尖閣諸島についてどう思うか？　私のところに、いろいろ言ってくる人がいる。

（周恩来）：尖閣諸島問題については、今回は話したくない。今、これを話すのはよくない。石油が出るから、これが問題になった。石油が出なければ、台湾も米国も問題にしない」

日本の文書はこれで会談が終わった形になり、棚上げは周恩来首相の一方的発言という位置づけになっている。しかし、現実には田中首相から〝それはそうだ。じゃ、これは別の機会に〟という発言がなされているにも関わらず、日本政府は「そういう発言がない」という重大な改ざんを行っている。

## (15) 尖閣諸島は「主権は係争中だが管轄は日本」という解決④　読売新聞社説

領有権問題が未決着で、管轄を日本としてそれをそのまま維持することは日本に有利のはずであるが、驚くことに、読売新聞は1979年棚上げを支持の社説を掲載している。

1979年5月31日付の読売新聞「尖閣問題を紛争のタネにするな」という社説。

尖閣諸島の領有権問題は、一九七二年の国交正常化の時も、昨年夏の日中平和友好条約の調印の際にも問題になったが、いわゆる「触れないでおこう」方式で処理されてきた。つまり、日中双方とも領土主権を主張し、現実に論争が〝存在〟することを認めながら、この問題を留保し、将来の解決に待つことで日中政府間の了解がついた。

それは共同声明や条約上の文書にはなっていないが、政府対政府のれっきとした〝約束ごと〟であることは間違いない。約束した以上は、これを順守するのが筋道である。

（中略）尖閣諸島問題に対しては慎重に対処し、決して紛争のタネにしてはならない。
（1979年5月31日付の読売新聞より抜粋）

## ⒃ 日中間に紛争を作りたい人々

中国、台湾、日本の各々の国民が「尖閣諸島は自国領」と主張する強い層が存在している今日、帰属に関して外交的解決はない。

その中で、日本が管轄権をもつ現状維持は日本に有利なはずだ。それにもかかわらず、合意がないと主張する人々は、日中間に紛争を作りたいと思う米国のタカ派に扇動されている人々と言わざるを得ない。

## ⒄ 日中漁業協定の存在――漁業を発端に武力行使に発展するのを防ぐ目的

漁業協定は一見地味な協定である。主たる目的は「漁業資源を保存し及び合理的に利用するため」のものである。

しかし、尖閣諸島で日中双方が主権を主張する中、漁業協定は極めて重要な役割を担う。尖閣諸島周辺で漁業を発端に武力行使に発展するのを防ぐ目的を持つ。

日中漁業協定は1975年協定と1997年調印、2000年6月に発効した2000年協定がある。2000年協定では「北緯27度以南の協定水域においては既存の漁業秩序を維持する」(水産庁「日中漁業協定の概要」)とされている。これは明らかに尖閣諸島周辺を対象に含むものである。

水産庁は「第12回 日中漁業共同委員会 第1回 準備会合」の開催についての日中漁業協定水域図を過去に発表している。

漁業協定の基本的哲学は「自国の機船に対して適切な指導及び監督を行い、並びに違反事件を処理する」「他方の締約国に対し、当該地方の締約国の機船の違反した事実及び状況を通報することができる。当該他方の締約国は、当該一方の締約国に対し、違反事件の処理の結果を速やかに通報する」(1975年協定第3条)とし、相手国船に直接接触しないことにある。相手国の公権力が接触をすると、無用の摩擦を起こす危険があり、これを回避したものである。

この2000年協定で「北緯27度以南の協定水域においては既存の漁業秩序を維持する」の意味するものは河野太郎議員のブログ「日中漁業協定」(2010年9月28日)に詳しい。

北緯27度以南は、新たな規制措置を導入しない。現実的には自国の漁船を取締り、相手国漁船の問題は外交ルートでの注意喚起を行う。(尖閣諸島はこの水域に入る)。

尖閣諸島を含む北緯27度以南の水域では、お互いが自国の漁船だけを取り締まる。中国船はかわはぎを狙って数百隻がこの水域で漁をするが、日本は11月頃のカツオ漁の船が中心で数も少ない。海上保安庁は、尖閣諸島周辺の領海をパトロールし、**領海内で操業している中国船は、違法行為なので退去させる。操業していない中国漁船については無害通行権があり、領海外に出るまで見守る。**

２０００年の日中漁業協定は明らかに（い）尖閣諸島周辺の地域が対象になる（ろ）お互いが自国の漁船だけを取り締まることとしている。漁船をめぐる紛争で日中間の緊張を防ぐ枠組みが形成されている。

２０１０年９月日本が中国漁船に停船命令を出し、臨検の動きをみせていたことは明らかに日中漁業協定の合意内容に反する行動である。

何故２０１０年の行動が生じたのか、不思議である。

当時の政府は「日中漁業協定」の存在を知らなかったのか。

当然知っているはずの外務省は何故沈黙していたのか。

# 第六章　日本はなぜ国益追求でなく、対米隷属の道を歩む国になったか

１９９０年代、日本は米国との間で、自動車や半導体等で対立し「貿易戦争」と言われる状況にあった。当然日本の対応策を巡り、両国首脳の下で、幾度となく会議がもたれた。この会議に出席していた通産官僚が私に次のように述べた。

「我々は対応策を提示した。その時外務省を代表してきていた人物（後、外務次官、駐米大使になる）が次を述べた。

〝そんな案、米国は喜びませんよ〟

私はこの発言に憤慨した。我々は日本の国益をどうするかを議論しているのでないか。米国を喜ばすために案を模索しているのでないだろう」。

これはかつての通産省である。今日日本の政治家、官僚は何の疑問ももたずに「米国を喜ばすため」に仕事をしている。

## （1）今や、国益的思考を喪失した国

私達は、今日、日本が安全保障政策や経済政策で如何に国益を中心に考えられない国になったか、そして政策が日本の国益でなく、米国の政策に合わせる配慮で動いているかを見た。代表例として、敵基地攻撃と半導体製造装置の対中輸出禁止の事例をみた。

敵基地攻撃では、例えば中国は日本を攻撃できるミサイルを２０００発以上配備しているし、北朝鮮も２００－３００発のミサイルを配備しているといわれている。敵基地を攻撃して何発破壊できるというのか。攻撃を受けた中国や北朝鮮は、当然報復攻撃をする。中国、北朝鮮の方がミサイルの数が圧倒的に多い。甚大な被害が日本社会に出る。安全保障上、日本にプラスになることはない。

しかし重要なことは、米国にはプラスになるということだ。米国は日本の行う攻撃によって、自国本土に攻撃される危険を負うことなく、中国、北朝鮮に軍事的に攻撃することができる。

経済を見てみよう。日本は半導体製造装置の対中輸出禁止の方針を出した。

半導体は「産業のコメ」と言われるくらい重要である。半導体関連を強化しないで、産業立国はありえない。日本は半導体自体の生産は後退したが、半導体製造装置の生産は強い。その輸出先は、中国31％（８２００億円）、台湾25％、韓国17％、アメリカ13％である。それなのに対中輸出を規制するという。自ら輸出を止めてどうしようというのか。日本産業界の基盤を弱くする

だけである。米国に指示されての行動である。

どうしてこう酷くなったのか。

世界中で「米国を喜ばす」ことがこれほど政策決定の基本理念になっている国はない。

その理解には、第二次大戦以降様々な局面で、米国によってかけられた圧力と、迎合する勢力の出現にある。たぶん、この歴史を見ないと、これだけ醜い対米隷属は理解できない。

歴史的に回顧してみたい。

## （2）終戦直後より日本社会に脈々と続く、命、地位と引き換えの対米協力

日本は米国と戦争した。東京裁判で死刑判決をうけたのは東条英機・板垣征四郎・広田弘毅・土肥原賢二・松井石根・武藤章・木村兵太郎の7人である。多くの国民は東京裁判を通じ、戦前と戦後は分断されたと思っている。

だが昭和天皇は「象徴」として残った。これは特殊な例と思っている。しかし、真珠湾攻撃を決めた時の商工大臣だった岸信介は戦後首相になっている。当時大蔵大臣であった賀屋興宣は法務大臣になっている。彼らは例外ではない。むしろ代表である。

占領体制の中、占領軍にマイナスの情報を流すことは禁じられた。だが生活は困窮した。

１９４５年10月、幣原内閣の大蔵大臣であった渋沢敬三は、米国ＵＰ通信記者に対して、

1946年度内に餓死・病死により一千万人の日本人が死ぬ見込みであると語っている。この時期、職をなくすことは、自分及び家族の生死にもかかわる状況である。

米軍中心の占領軍は日本語での統治ができない。間接統治にならざるをえない。日本側の協力者が必要となる。その時、誰が協力者としてふさわしいか。

逆説的に響くが、かつての支配層の利用が統治に都合がいい。支配の術に長けている。より重要なことは、「命と職（公職追放などの措置を免れる）」と引き換えに「米国協力」という取引ができる。かつての統治機構が、米国占領時、「対米従属」という形に代わって、復活するのである。

各々の機関別に協力状況を見てみたい。

**・政治面**

昭和天皇、岸信介、吉田茂（戦前外務省では国際協調派が主流であったが、吉田茂は田中義一等の軍部に猟官運動を行い外務次官のポストを得た軍との協力者であった）。

昭和天皇に関しては、最も代表的なのは沖縄に関する発言である。

寺崎英成は、片山内閣時代の1947年9月に、昭和天皇のきわめて重要なメッセージを米側に送ったことで知られている。

「マッカーサー元帥のための覚書（一九四七年九月二〇日）

（マッカーサー指令部政治顧問シーボルト）

天皇の顧問、寺崎英成氏が、沖縄の将来に関する天皇の考えを私に伝える目的で、時日をあらかじめ約束したうえで訪ねてきた。

寺崎氏は、米国が沖縄その他の琉球諸島の軍事占領を継続するよう天皇が希望していると、言明した。（略）

さらに天皇は、沖縄（および必要とされる他の諸島）に対する米国の軍事占領は、日本に主権を残したままでの長期租借――二五年ないし五〇年、あるいはそれ以上――の擬制（フィクション）にもとづいてなされるべきだと考えている」

**・官僚**

外務省は対米協力を推進する吉田首相に取り入る人々が中心になる。大蔵省では、米軍人のために女性を提供する慰安施設を作るのを推進した池田勇人が中心になる。

**・経済界**

財閥解体を行うと同時に対米協力を主体とする経済同友会を設置する。

１９４６年４月、米国の青年会議所（Junior Chamber International）や全米製造業者協会を参考に設立される。この設立時のメンバーが、このあと20年、30年と、日本の経済界の中心になっていく。何人かの名前を書いてみたい。

○櫻田武（日清紡績社長、後日経連会長。小林、水野、永野と共に、池田内閣を支えた財界四天王のひとり）
○小林中（日本開発銀行総裁、アラビア石油社長）
○水野成夫（経済同友会幹事、産経新聞社社長、フジテレビ初代社長）
○永野重雄（創立直後の経団連の運営委員。日経連常任理事、富士製鐵社長、東京商工会議所会頭と日本商工会議所会頭に就任。池田勇人の首相誕生に尽力）
○鹿内信隆（日経連初代専務理事、産経新聞社社長・フジテレビ会長。フジサンケイグループ内で絶大な権力をもつ）
○藤井丙午（新日鉄副社長）、
○堀田庄三（住友銀行頭取。関西系企業の育成に貢献）
○諸井貫一（秩父セメント社長、秩父鉄道会長、埼玉銀行会長）、
○正田英三郎（日清製粉グループ本社社長。美智子皇后陛下の実父）
○麻生太賀吉（麻生セメント会長。妻和子は吉田茂元首相の三女。長男の麻生太郎は元首相）

こうした経済人は、経済界だけでなく、政界にも強い発言力をもつ。戦後の戦犯や追放対象者が多く出るなか、彼らの多くは親米路線を歩んで行く。彼らの子孫、あるいは彼らが創設した機関が対米協力の中核になる。

### ・報道界

日本のメディアでは朝日新聞、読売新聞が政治に大きな影響を与えるが、朝日新聞の緒方竹虎（1925年37歳で東京朝日新聞社編集局長兼政治部長、1936年代表者、1945年8月には東久邇宮内閣の国務大臣、1945年12月GHQから逮捕命令が発出される。1946年8月に公職追放、1947年にA級戦犯容疑解除、1951年8月に追放解除）はCIAと協力関係を樹立したと言われる。

読売新聞の正力松太郎（1913年 警視庁入庁、関東大震災朝鮮人虐殺事件等に関与。1924年に読売新聞社社長、1946年12月、A級戦犯に指定され、巣鴨拘置所に収容される。1947年9月不起訴、釈放。1947年10月日本テレビ放送網を設立）に関しては、早稲田大学教授の有馬哲夫が、正力が戦犯不起訴で巣鴨プリズン出獄後に中央情報局（CIA）の非公然の工作に協力していたことをアメリカ国立公文書記録管理局によって公開された外交文書を基に明らかにした。

加藤哲郎編『米国国立公文書館機密解除資料　CIA日本人ファイル』では読売の正力松太郎のCIAコードネームはpodam、朝日の緒方はpokaponとされていることが記載されている。CIAと日本の報道界の関係は、読売の正力、朝日の緒方以降も継続されている。

・学界

松田武著『戦後日本におけるソフトパワー――半永久的依存の起源』は次のように記述している。

○日本のアメリカ研究者は日米両国の友好関係の維持に貢献したいと真に願っている。

○一九四六年六月二九日に23名の研究者が立教大学の構内にあるアメリカ研究所に集合した。目的は、アメリカ学会創立の準備にあった。

○「協力」がキーワードになった。「アメリカ学会」は理解と支援をマッカーサーに依頼した。

○戦後間もなくアメリカ学会の創立が実現したのは、アメリカ研究の振興に関して米国の利害と日本のそれが一致したからである。

○**『アメリカ研究』には合衆国に批判的ないかなる言辞も総司令部から許されなかった。**

○東京大学におけるアメリカ研究セミナーは一九五〇年から一九五六年まで、毎年日本に招聘される5名の一流のアメリカ人教授による指導のもとに行われることになった。7年間のセミナーを通じて、総勢593名にのぼる日本のアメリカ専門家が参加した。7年に及ぶすべての期間を通じて、ロックフェラー財団は東京大学に20万ドルの助成金を給付した。

○第一回京都セミナーは一九五一年開催された。この会議はロックフェラー財団支援の東京会議の延長と位置付けられた。五二年にはロックフェラー財団は（保護校の）イリノイ大学に一万九五〇〇ドル、京都グループ（京都大学と同志社大学）に三〇〇〇ドル付与した。

### ・司法

田中耕太郎は１９５０年3月から１９６０年10月まで第2代 最高裁判所長官であるが、戦前１９３７年東京帝国大学法学部長に就任している。右派的見解を持ち、１９４６年2月に学校教育長として、全国教学課長会議で、教育勅語は自然法的真理であると演説している。

田中耕太郎は「砂川事件で政府の跳躍上告を受け入れ、合憲（統治行為論を採用）・下級審差し戻しの判決を下す（１９５９年12月16日）が、当時の駐日大使ダグラス・マッカーサー2世との〝内密の話し合い〟と称した、日米安全保障条約に配慮し優先案件として扱わせるなどの圧力があった事が２００８年4月に機密解除となった公文書に、またマッカーサー大使には「伊達判決は全くの誤り」と述べ破棄を示唆した事が、２０１１年に機密解除になった公文書に記されている。果ては上告審の日程や結論方針をアメリカ側に漏らしていたことが、機密指定解除となったアメリカ側公文書で２０１３年4月に明らかになった。当該文書によれば、田中はレオンハート駐日アメリカ首席公使に対し、〝判決はおそらく12月であろう。（最高裁の結審後の評議では）実質的な全員一致を生み出し、世論を揺さぶるもとになる少数意見を回避するやり方で（評議が）運ばれることを願っている〟と話したとされ、最高裁大法廷が早期に全員一致で米軍基地の存在を〝合憲〟とする判決が出ることを望んでいたアメリカ側の意向に沿う発言をした」（この項はウィキペディアからの引用）。

・検察

第二次大戦前及び戦中、検察の思想分野を担当する「思想検事」は、戦争に反対する人々を弾圧した。従ってこの人々は、米軍の占領下、排除されたと思われる。だが実際は異なった。ゾルゲ事件にも関与した井本臺吉、布施健は戦後検事総長になっている。井本臺吉は砂川事件、布施健はロッキード事件で当時の米国政府の方針に沿う動きをしている。

## (3) 朝鮮戦争時の対米協力:「戦争をしない」「民主主義」「自由主義」が崩壊

多くの人は知らないが、朝鮮戦争で日本は、実質戦争に参加している。

海上保安庁は1950年10月初旬から12月中旬にかけ、46隻の日本掃海艇、1隻の大型試航船及び1200名の旧海軍軍人を元山、仁川、鎮南浦、群山の掃海に従事させ、327キロメートルの水道と607平方キロメートル以上の泊地を掃海し、機雷27個を処分した。掃海艇1隻が触雷・沈没し、死者1名と重軽傷者を出している。

どうしてこういう史実を日本国民は知らないのか。

日本掃海艇の朝鮮海域派遣の要請について、大久保海上保安庁長官から報告を受けた吉田首相は、「わかった。出しましょう。国連軍に協力するのは日本政府の方針である。ただし、掃海隊の派遣とその行動についてはいっさい秘密にするように」と述べた。当時、新憲法が制定されて3年、戦時下の朝鮮水域への掃海艇派遣は憲法第九条に抵触する恐れがあり、表ざたになれば政治問題化することは十分に予想され、具体化しはじめていた講和条約締結問題に悪影響を及ぼす可能性があった。隠蔽して対米協力の軍事行動をした。

朝鮮戦争勃発時、米軍は追われ、かろうじて巫山周辺でとどまっていた。この時マッカーサー等は日本軍を朝鮮に派遣することを考え、吉田内閣に「警察予備隊」の創設を命ずる。

警察予備隊設立時に警備課長であった後藤田正晴氏（1969年警察庁長官、1982年第1次中曽根内閣で内閣官房長官）は後々次のように語っている（注：この項目はすでに記述済であるが、一連の流れを理解してもらうため再掲する）。

（アメリカの本当の狙いは何だったと思われますか）

部隊の性格は、米軍のあとを埋めての警察の支援部隊としての警察予備隊ですが、指令が内閣を経て私のところ（警察予備隊警備課長）に回ってきたのです。私は編成担当ですから編成表を見た。その時私は、これはアメリカの歩兵師団そのものだなとすぐ分かった。

その中に、冷凍中隊というのがある。これは分からなかったんです。何かと思って聞いてみたら、戦死者の内臓を取って冷凍して本国におくるんですね。火葬しない。文字通りこれは野戦に連れていく予定ですよ。それで僕らも最初からマッカーサーは、朝鮮で手こずっているから、僕らをまた連れていくんじゃないか、と思ってたんですよ。

1950年7月8日、マッカーサー元帥は吉田首相に「事変・暴動等に備える治安警察隊」として、75000名の「National Police Reserve」の創設を求め、8月10日、警察予備隊令で、警察予備隊を発足させる。

一見、何も問題はないようであるが、実は日本のありように大きな問題を与えている。米軍の指示の下で作った憲法は、「国会は、国権の最高機関であつて、国の唯一の立法機関である」としている。だが、警察予備隊は国会での討議なしの「政令」で実現されている。

ホイットニー連合国軍最高司令官総司令部（GHQ）民政局局長は「われわれが法律でなく政令でというのは（日本）政府の措置を推進し、国会審議の過程で生ずる遅延や政治的圧力を避けるためである」と発言している。

7月13日の朝日新聞は次を報じている。

「社会党の浅沼委員長と、国民民主党苫米地最高委員長がウイリアムス民生局国会担当課長と会い、ウイリアムス課長は次のように発言している。〝警察予備隊創設に関する一切の事柄は政令によってなされる。この件に関する限り、国会は何らの審議する権限は持たない。この政令に反対することは最高司令官命令に反するものとみなされる〟」

こうして、民主主義の根本、国会を最高権力とする体制はもろくも崩れた。

こうした異常な動きがあれば。メディアが報道する。国民はおかしいではないかとなる。そこで占領軍が行ったのはメディアへの一段の規制である。

１９５０年6月25日。そして7月19日の日経新聞三面は次の見出しで報道する。

「報道界の赤色分子解雇」

この中で、各報道機関の解雇者数を朝日72、毎日49、読売34、日経20、東京9、放送協会99、時事16、共同33としている。

こうして、日本は戦後の体制の柱、①戦争をしない、②国会を最高権力とする民主主義、③報道の自由などの自由主義を崩す。

## （4）ソ連崩壊後の米国の「敵国」と日本参戦の方針

私達はすでに米国が日本に行ってきた変化をみた。
①終戦直後、日本を戦争ができない国にする。
②冷戦の激化とともに、日本をソ連攻撃の拠点にすることを日本に要請する。
しかし、この構図が崩れる。

１９９１年12月26日ソビエト連邦が崩壊する。ソ連を構成していた諸共和国が独立する。ロシア連邦は最早、軍事的に米国を脅かす存在ではなくなった。

ソ連の脅威の消滅で、欧州諸国は「平和の配当」を主張し、軍事的努力を削減した。ＮＡＴＯの存在自体も意義が問われる状況になった。

日本においても、新しい安全保障政策の模索が始まった。

１９９３年8月、細川護熙政権が誕生した。細川政権は、米国と距離をおく姿勢を目指した。細川政権は樋口廣太郎アサヒビール会長を座長とする防衛問題懇談会を立ち上げる。中心的役割を果たしたのが、西広整輝元防衛事務次官である。西広氏は冷戦後の安全保障は、いかに敵を減らし味方を増やすかであるとの信念を持ち、多国間の協力関係を重視する。樋口レポートは、「冷戦が終結し新しい世界が展開しているのに対応し、まず第一に世界的並びに地域的な多角的安全保障体制を促進する。第二に日米安保関係を充実する」と提言した。

いわゆる「ジャパン・ハンドラー」と言われるマイケル・グリーンらは１９９４年8月の樋口レポートに驚きを持って接し、この流れを止める画策を行う。

ここでソ連崩壊後の米国の動きを知る必要がある。

この当時米国はどの国を脅威と見なしていたか。

１９９１年シカゴ外交評議会が実施した米国世論の対外脅威認識は表の通りである。

| 「米国への死活的脅威」 | 大衆 | 指導者層 |
|---|---|---|
| 日本の経済力 | 60% | 63% |
| 中国の大国化 | 40 | 16 |

| | | |
|---|---|---|
| ソ連の軍事力 | 33 | 20 |
| 欧州の経済力 | 30 | 42 |

１９８９年12月13日付のニューヨーク・タイムズ紙は、「マクナマラ元国防長官は上院予算委員会でソ連の脅威が減じたいま、３０００億ドルの国防予算は半分に減らせる、この資金は経済の再構築に回せると証言した」と報じた。

米国は戦略策定の岐路にあった。

１９９３年9月に当時のアスピン国防長官によって『ボトム・アップ・レビュー』が発表された。主要点は次の通りである。

・重点を東西関係から南北関係に移行する
・イラン・イラク・北朝鮮等の不安定な国が大量破壊兵器を所有することは国際政治上の脅威になる。したがってこれらの諸国が大量破壊兵器を所有するのを防ぎ、さらにこれらの国々が民主化するため、必要に応じて軍事的に介入する
・軍事の優先的使用を志向する
・同盟体制を変容させる
・**日本の軍事力をイラン・イラク・北朝鮮との戦いに使う**

この時点では「同盟体制を変容させる」とのみ記述され、どう「変容させるか」には言及していない。

ここで米国世論の対外脅威認識を見てみよう。第一の脅威は「日本の経済力」である。仮に米国が単独でイラクやイランで軍事行動をしたとしよう。日独は資源を経済に集中している。ますます経済格差が広がる。したがって、米国の軍事行動には日独も同調させる必要がある。ある意味、日米は一段と強固な軍事協力をする必要がある。

そうした中に「樋口レポート」が出た。当然この動きは潰す。そして強固な軍事協力を作る動きを模索していく。

私は2009年に出版した『日米同盟の正体』の「初めに」で次のように書いた。

日米安保条約は実質的に終わっている

日本の安全保障政策の要は日米同盟である。この前提に異を唱える人はまずいないであろう。ではその基礎となる文書は何ですかと問えば、ほとんどの人が一九六〇年に制定された日米安保条約と答えるであろう。

だが、この答えは今日、半分しか正解ではない。実態的には、ほとんど正解でないと言っていいかもしれない。現在の日米同盟が一九六〇年に制定された日米安保条約からどう変化したかを見ることが、いまの日米関係の本質を見極めることとなる。

二〇〇五年一〇月二九日、日本の外務大臣、防衛庁長官と米国の国務長官、国防長官は、「日米同盟　未来のための変革と再編」という文書に署名した。日本ではこの文書はさほど注目されてこなかったが、これは日米安保条約にとって変わったといっていい。

何が変わったか。まずは対象の範囲である。

日米安保条約は第六条で、「日本国の安全に寄与し、並びに極東における国際の平和及び安全の維持に寄与するため」とする極東条項を持っている。あくまで日米同盟は極東の安全保障を確保することを目的としている。それが「未来のための変革と再編」では、同盟関係は、「世界における課題に効果的に対処する上で重要な役割を果たしている」とした。日米の安全保障協力の対象が極東から世界に拡大された。

次に理念面である。ここでは質的に大きな変革をとげている。日米安全保障条約においては前文において「国際連合の目的及び原則に対する信念を再確認し」、第一条において「国際連合の目的と両立しない他のいかなる方法によるものも慎む」「国際連合を強化することに努力する」として国際連合の役割を重視している。しかし、「未来のための変革と再編」ではこうした傾向は見られない。代わって出てきたのは、日米共通の戦略である。では日米共通の戦略とは何か。

われわれは、米国に戦略があることは承知している。しかし、戦後日本に確固たる安全保障戦略があるとは承知していない。日本が米国の戦略に従う以外にいかなる共通の戦略があるのか。春原剛は『同盟変貌』（日本経済新聞社、２００７年）で、「日米同盟といってもこれまでは一方的に米国が決めてきただけ」という守屋武昌元防衛次官の言を紹介している。残念ながら、守屋元防衛次官の発言は、今日の日米安全保障体制の本質を極めて的確に表わしたものといえる。

日本は、日米共通の戦略で国際的安全保障環境を改善する国際的活動に協力することを約束した。よくよく見ると、現時点ではこれは差し迫る脅威に対抗するものではない。国際的安全保障環境を改善するため、世界を力で米国モデルに変革しようとする理念の実現のためである。イランの核関連施設を排除すること、北朝鮮の政権を打倒すること、アフガニスタンでタリバンを駆逐することを日米が国際的安全保障環境を改善するものであると認定すれは、理念上日本は米国の軍事行動に協力することになる。

かつ、日米安全保障の新たな枠組み模索の中で、中心課題の一つが日本による危険の負担である。別の言葉に言い換えれば、自衛隊員に死を覚悟してもらうことである。

この流れの中に、日本のイラクへの自衛隊派遣があった。ソマリア沖への海上自衛隊派遣の問題がある。アフガニスタンへの派遣も真剣に協議される。イランの核問題について、日本は制裁への参加など積極的関与が求められる。オバマ大統領が日本に対して行う中東地域への積極的軍事関与の要請にどう対応するかが、日本にとっての最重要課題となる。

これを見れば、日本で何故憲法改正が必要になるか、おわかりであろう。現行憲法の下で、自衛隊を米国の戦略に従わせ、海外の戦闘に参加させるのは不都合なのである。

だがこうした日米関係の変質は、多くの人に共有されていない。

## （5）細川政権が潰される

ただし樋口レポートの実際の発表は細川退陣後の94年8月、村山富市政権下である。米国は樋口レポートに危険な兆候を感ずる。米国が樋口レポートのどの部分に警戒を高めたのか。

樋口レポート作成は多国間枠組みの推進者となることを意味する。

この提言は一見、問題がないように見える。しかしこれはこれまで見てきたように、1992年以降に構築されてきた米国の新戦略とは矛盾する。米国の新戦略は、（1）唯一の超大国としての米国の地位を、十分な軍事力で、永久化させる、（2）この目的達成のため、集団的国際主義は排除する。危機において米国が単独で行動できるようにする、（3）同盟国の日本にはこの体制に協力させるという内容を持つことを見てきた。樋口レポートはこの米国の方針とは明らかに異なる。重要な点は樋口レポートに関与した人々は、米国の新しい流れを十分知らず、しかし、この流れに真っ向から挑戦する動きに出たことである。

米国は当然樋口レポートに危機感を持つ。

細川政権つぶしの動きが出る。

米国は武村官房長官が北朝鮮に近すぎるから、「これを切るように」という指示をだす（この事情についてては小池百合子議員［当時］が自分のブログで紹介）。

細川首相は一時、女房役の武村官房長官のクビを斬る決意をする。だが細川首相自身が佐川急便からの借入金未返済疑惑を野党自民党から追及され、辞任する。政権追い落しのパターン、「自民党」＋「検察」＋「マスコミ」が機能する。

樋口レポート作成で中心的役割を果たした西広元防衛事務次官は、1995年12月4日、癌で死亡した。

「樋口レポート」作成の要である畠山蕃《しげる》次官は1994年10月、癌で防衛医大に入院し、1995年6月1日に58歳で死亡した。

これから日本の安全保障戦略は「樋口レポート」と全く逆の動きをする。
・ナイ国防次官補が中心になり1995年2月、日米関係を含む米国のアジア戦略を東アジア戦略報告（EASR）という形でまとめた。
・ナイはこの東アジア戦略報告と、日本の防衛大綱が整合性のとれたものになることを強く望んだ。

こうした経緯を踏まえつつ、米国の戦略で日本との同盟強化方針が決定され、日本側でこれに呼応する体制が整った。

## (6) 次の標的は福田康夫首相

米国によって、実質的に排除された首相に福田康夫首相がいる。この経緯は日本の人にほとんど知られていないが、ウィキリークスが、2010年11月米国外交機密文書約25万点を公開し、その中に在日米国大使館から米国国務省宛に送られた大量の電報がある。

幾つかの内容を見てみたい。

「米ブッシュ大統領、洞爺湖サミット時にアフガンへ陸上自衛隊の派遣要求」。

「ブッシュ氏は首脳会談で福田氏に〝アフガンに中身のある支援をする必要がある〟と強い調子で要求。

〝陸自のCH47大型輸送機か軍民一体の地域復興チームを担当するか〟と具体的に求めた。しかし福田氏は〝陸自の大規模派遣は不可能〟と返答した」。

洞爺湖サミットの時、ブッシュ大統領と福田首相の間に相当の緊張が存在している。

その後、どうなったか。米側は福田首相の断りに理解を示し、諦めたか。あるいは、引き続き圧力をかけたか。後者である。

サミット後の２００８年7月15日と16日、東アジア担当国防次官補が訪日し、関係者に日本が行うべきアフガニスタン支援構想を提示した。

米側は「福田首相はＣＨ47大型輸送機の派遣等を拒否したが、米国は依然これを重視している」。そして次の要求をした。
（１）Ｃ－１３０（輸送機）およびＣＨ－47（ヘリコプター）の派遣
（２）地域復興チームへ自衛隊員等の派遣
（３）40床からなる医療ネットワーク（複数）の設置
（４）アフガン選挙資金へ２億ドルの拠出
（５）アフガン軍、司法機関強化へ２００億ドルの貢献
加えて日本の指導者および国民がアフガニスタン支援の重要性にコミットすること。

この圧力の中、福田首相は「国民生活のために新しい布陣で政策実現を期してもらいたい」と述べて辞任した。

この当時、多くの日本人には、この説明は意味不明であった。皆、唐突に政権を投げ出した福田首相を非難した。

そして、福田首相が投げ出す前、自民党には「３Ａ＋Ｓ」連合ができる。３Ａは安倍、麻生、甘利、Ｓは菅である。安倍は岸信介の孫、麻生は吉田茂の孫、占領体制の復活である。

甘利氏に関しては、選挙区が米軍厚木基地と深い関係がある。「３Ａ＋Ｓ」は民主党政権時を除き、２０２１年10月４日の岸田政権の誕生まで継続する。

## （７）民主党政権誕生の直前に小沢一郎氏が、民主党政権発足後は鳩山氏が標的に

小沢一郎氏の失脚については様々な指摘ができるが、ここでは、２０１５年、私と当時ニューヨーク・タイムズ紙東京支局長だったマーティン・ファクラー氏とで行った対談本『崖っぷち国家　日本の決断』でファクラー氏が述べたことを見てみたい。

・今の日本の統治システムは、チャレンジャーから自分を守るという現実がある。東京地検がそういうシステムの免疫機能を担い、抵抗力を発揮して、わが身を病気から守っている。検察はそのような機能を受け持っていたのです。

・小沢一郎さんはたぶん、今までの政治家の中で、ある意味では日本のシステムにとって危険な存在でした。いろいろな政治家が改革、改革と叫びますが、小沢さんがその実行力が一番あったということです。

そういう危険なチャレンジャーとして認識されたから、東京地検が動いたのだと思います。

・小沢一郎バッシングの時、メディアの役割というものを強く感じました。小沢さんは秘書が起

訴された責任問題について最初は違法性を否定していましたが、党内の動揺をうけ、五月に民主党の代表を辞めました。

**この時、小沢さんが次の総選挙で民主党の代表として勝つのではないかという瀬戸際でした。この程度のことが政治資金規正法違反ならば、自民党の他の議員も同じ違反をしています。**

・大新聞の記事を見ると、多くの記事は明らかに東京地検からのリークや情報によっていました。ほとんどの情報が地検から流れ、記者たちは何の疑問も持たずに、それを素直に記事にしていた訳です。正直にいうと、そのとき、**僕は少し恐ろしい感じさえ抱きました。**

**小沢さんが党の代表になって、まさしく勝てそうな時期に、小沢さんのような強い実力者が東京地検や検察当局の標的になった、それだけでなくメディアの標的にもなったのです。**

その頃、小沢さんは起訴されておらず、逮捕もされていない状況でした。にもかかわらず、大新聞を読むと、まるで有罪判決が出たような状況でした。

・日本の民主主義にとって、クライシスを感じました。次の総選挙で勝利しそうな野党の代表があのような標的になり、同じような嫌疑のある議員たちは罪に問われなかったのです。

ニューヨーク・タイムズ紙東京支局長マーティン・ファクラー氏は鋭く日本社会を見ていたと思う。

「日本の統治システムは、チャレンジャーから自分を守る」という「日本の統治システム」とは何であろう。それは、政界、官界、経済界、報道機関、検察など、一貫して繋がる対米隷属システムではないか。一度壊れたらその再構築は難しい。だから、政界、官界、経済界、報道機関、検察などが一体として小沢氏を潰したのでないか。

鳩山氏を見てみよう。私は「普天間米軍基地の最低でも県外移転」を主張し、当時も若干の接点があったので、少しは正確に観察していたと思う。この点については、私の『戦後史の正体』で言及しているので、それを見てみたい。

鳩山首相は沖縄の普天間米軍基地を「最低でも県外移設」を提言し、つぶされました。直接つぶしたのは日本の官僚、政治家、マスコミです。

鳩山由起夫民主党は1999年7月19日に那覇市で、普天間米軍基地の移設先は「最低でも県外移転」にすると宣言しました。

鳩山首相にとって、普天間米軍基地移転が次第に最重要案件になっていきます。

米国は早い段階から、鳩山首相の「最低でも県外移転」に反対を表明しました。

もっとも強く、日本に圧力をかけたのはゲーツ国防長官です。

ゲーツ国防長官は2009年10月20日来日しました。ここで、11月のオバマ大統領訪日までの解決を強く迫っています。

また産経新聞は２００９年12月５日「ルース氏（駐日大使）は、岡田外相と北沢防衛相を前に顔を真っ赤にして大声を張り上げ、年内決着を先送りにする方針を伝えた日本側に怒りをあらわにしたという」と報じています。

民主党では、北沢防衛相、岡田外務大臣が「県外移転は難しい」と表明します。これをうけて、外務省、防衛省の官僚は県外移転に反対の動きをします。

すでに紹介したウィキリークスは、日米間で如何なる対話が交わされているかを示しました。

２００９年10月12日、高見沢・防衛政策局長がキャンベル国務次官補に「米側が早期に柔軟さを見せるべきではない」と助言しています（２０１１年５月５日付琉球新報報道）。

私自身も普天間問題に関与しました。

２０１０年１月と３月の二回、鳩山首相に「県外移転」を進言しました。

結局、鳩山首相は５月４日、沖縄を訪問して仲井眞知事と会談し、「日米同盟の関係の中で抑止力を維持する必要がある」とのべ、県外移設を断念します（５月５日琉球新報等）。そして国民の支持率の急落をうけ、２０１０年６月２日「国民は聞く耳を持たなくなった」と首相を辞任します。

この時、辺野古への移転を主張する人々は次の論拠を主張しました。

①国際約束を守ることが何よりも重要である

②日米関係が壊れる

③海兵隊は抑止力のため、沖縄に駐留が必要である。

これらの論はいずれも正しくはないのです。

①については、民主主義で最も重要なのは国民の意思の尊重です。鳩山首相は選挙前、「最低でも県外移転」を述べていますから、これを真剣に考慮するのは、当然のことです。

②については「日米関係が壊れる」と言うのは誇張です。日本には、横須賀、佐世保、三沢、横田、嘉手納等の米国海軍・空軍基地があります。これら全体の価値は海外での米軍基地の約30％の価値を持っています。また、日本は基地の受け入れ国として半分以上の負担をしています。この重要性を認識すれば、普天間基地がなくなったからといって、「日米関係が壊れる」というものではありません。

③については、海兵隊は緊急に展開する部隊です。日本の防衛とは直接関係ありません。自衛隊がこの機能を充分に果たせます。

鳩山首相が「最低でも県外移転」と言ったことに対して、政府部内の誰も鳩山首相のために作業しませんでした。首相が選挙前に行った公約を実現しようとしても、外務省も、防衛省も、官邸も誰も支援しません。米国の意向に沿って仕事をするという異常な事態が出来ていました。残念ながら、日本のマスコミはこの点を誰も問題にしませんでした。

鳩山氏が首相を辞めて13年。今もツイッターには82万人のフォロアーがいる。例えば2023年4月29日に「日本はどうしてこんなに了見の狭い国になってしまったんだろう。命からがら母国を離れて日本にたどり着いた難民を難民と認めず、難民申請3回以降は強制送還可能にする入管難民法改正ならぬ改悪法が衆議院法務委員会で可決された。世界は多くの難民を受け入れているのに、人権に疎い日本が恥ずかしい」とツイートした。これに75万の閲覧、5932の「LIKE」がある。

他方、泉健太立憲民主党代表のフォロアーは3・7万人である。

今日、発信能力のない政治家は指導者として機能しない。では立憲民主党は「鳩山さん。もう一度一緒にやりましょうよ」と言うか。言わない。鳩山バッシングの力があまりにも強く、怖がっている。

日本社会はほぼすべての部門で、本来あるべき人を排除するメカニズムが働いている。その代表例が鳩山氏への対応であろう。

## (8)米国は再度「ロシア」「中国」を主敵とする「新冷戦」に

2001年9・11同時多発テロ発生後、米国は「テロとの戦い」を開始した。

そして、2021年8月30日、米軍はアフガニスタンからの撤退を完了。8月31日、バイデン大統領は国民向けの演説で戦争終結を正式に宣言した。

米国がイラン・イラク・北朝鮮などを主敵とする戦略は、ここでほぼ終結した。これに代わって「新冷戦」「第二冷戦」という言葉が使われる。対象はロシア、中国である。

歴史的にみると、１９９８年米国上院がＮＡＴＯをポーランド、ハンガリー、チェコに拡大する決定を行い、これに対してジョージ・ケナンが「新冷戦の始まり」と述べているようだ。

米国が、ロシアと中国を対象に「新冷戦」に踏み込むと、当然米国の日本に対する対応も異なってくる。

実はそれは安倍元首相への扱いの変化となって現れる。

**安倍元首相は、「長期政権には米国に従うことが必須」と確信していたと思う。**安倍首相（当時）は就任から1年にあたる２０１３年12月26日、強い思いで靖国神社を参拝した。これに対し、米国政府は「日本の指導者が近隣諸国との緊張を悪化させるような行動を取ったことに失望している」との声明を在日米大使館のウェブサイトに掲載する。以降安倍首相は靖国参拝を封印した。自分の政治信条を追求することより、米国に追随することを選択した。

トランプ氏が大統領選挙に勝利するや安倍首相は２０１６年11月18日に一番乗りの「トランプ詣で」を行い、トランプ氏に、日本から持ち込んだ「本間ゴルフ」の最高級ドライバー（54万円）をプレゼントした。以降一貫してトランプ氏にすり寄る。

日本国民は、安倍首相は米国との関係に最も努力した首相と思っている。確かにトランプ大統領の時はそうだった。

だがバイデン政権になるや情勢はすっかり変わる。先ず2024年の大統領選挙を控えるバイデン大統領にとって政敵No．1はトランプ大統領だ。国際政治で見れば、ウクライナ戦争を行っている今、敵No．1はプーチン大統領だ。そのプーチンと最も交流をした世界の政治家は安倍元首相である。さらに中国問題でも、2020年7月「戦略国際問題研究所」（CSIS）が米国務省の支援で7月下旬に作成した報告書で、今井首相補佐官が長年の親中派とされる二階幹事長と連携し、首相に中国への姿勢を融和的にするよう説得してきたと指摘した。米国は、今井首相補佐官や二階幹事長を動かしているのは安倍首相だと思う。安倍首相が辞めたのは同年9月である。

また、米国は中国包囲網形成の上で、安全保障面で日米韓協力を推進しようとしているが、安倍政権の下で日韓関係は悪化した。

バイデン政権では、安倍首相は決して歓迎される人物ではなかった。

## （9）「新冷戦」の中、米国は岸田政権を重用

仮に安倍元首相がバイデン政権に歓迎されなかったとして、バイデン政権から見て岸田首相はどう評価されるか。

まずウクライナ問題を見てみよう。米国は最大限の武器援助でウクライナを支援している。安倍元首相は2022年5月英国エコノミストに「侵略前、彼らがウクライナを包囲していたとき、戦争を回避することは可能だったかもしれません。ゼレンスキーが、彼の国がNATOに加盟しないことを約束し、東部の2州に高度な自治権を与えることができた」とゼレンスキーを批判的に評価している。一方岸田首相は2022年3月21日、ウクライナを訪問し、殺傷能力のない装備品を供与すると表明し、G7でのビデオ参加を呼びかけ、「必勝しゃもじ」を贈呈した。

安倍氏は表向き中国に厳しいことを言うが、具体策となると反中だけではない。例えば中国の一帯一路についても2019年3月25日の参院予算委員会で、「対象国の財政健全性、プロジェクトの開放性、透明性、経済性の4条件を取り入れているのであれば、協力していこうということだ。アジアのインフラ需要に日本と中国が協力して応えていくことは両国の経済発展にとどまらず、アジアの人々の繁栄に大きく貢献をしていくことになる」と語っている。条件づけの対中協力姿勢である。

岸田政権は対中輸出規制に積極的である。

米国は中国に対し、日・韓・米で包囲網を強化しようとしているが、安倍政権では韓国との関係改善に極めて消極的であった。岸田政権では米国主導の下で、日韓相互首脳訪問を行うなど積極的である。

こうした中、バイデン政権内で岸田政権の評価が高まってきている。これと呼応して、自民党、マスコミの岸田支援が強化されつつある。

# 第七章　平和を構築する

## （1）西側諸国がロシア・中国を敵とする「新冷戦」は長続きするのか

今、米国を中心とする西側諸国はロシア・中国を敵とする「新冷戦」に入った。

冷戦は、ドイツ、日本の敗北が確実になり、第二次大戦の終焉が見えたところでルーズベルト大統領が死亡し、トルーマン大統領が誕生した時に始まったと思う。冷戦はソ連の崩壊まで約40年継続した。

ソ連崩壊後、ソ連に代わってイラン・イラク・北朝鮮等を主敵とする「テロとの戦い」は約30年続いた。

では、今新たにでてきている「新冷戦」はどれくらい続くのか。

結論としていえることは、短期であろうということだ。

まず、「冷戦」時代、「テロとの戦い」の時代に、米国の力は、経済、安全保障で圧倒的だった。米国がこうと言えば他の国は従わざるを得なかった。従わなければ、少なくとも経済制裁があった。しかし今や「真のGDP」といえる購買力平価ベースで米国は中国に劣り、G7合計は非G7主要七か国合計の下である。ウクライナ問題でNATO、日韓を除き、アジア諸国、中近東諸国、アフリカ諸国、中南米諸国はほとんど制裁に参加していない。

米国、欧州諸国では格差社会が拡大し、概して政権党への支持は低い。

トランプ前大統領は、2023年3月4日、保守派のイベントCPACで「大統領に就任したら、ウクライナ支援を停止する」と述べている。「新冷戦」は足元から崩れる可能性がある。

## (2) 米中衝突論:「トゥキディデスの罠」のグレアム・アリソンの解決策

米中関係を説明するのに、「トゥキディデスの罠」――従来の覇権国家と台頭する新興国家が、戦争が不可避な状態にまで衝突する現象を指す――を持ち出したのはグレアム・アリソン(ハーバード大学ケネディ行政大学院初代学長)である。

彼は著書『米中戦争前夜』(2017年)で次のように書いている。

「現在の軌道では、数十年以内に米中戦争が起こりうる可能性は、ただ〝ある〟というだけでなく、現在考えられているよりも非常に高い。過去500年の例をみると、戦争になる確率は50%以上だ」としている。

そして彼は戦争回避の処方箋を考えている。

彼はまず、「平和を維持した4例に見る12のヒント」を挙げている。

ヒント1：高い権威を持つ存在は、対立解決の助けになる
ヒント2：国家より大きな機構に組み込む
ヒント3：賢い国家指導者を擁する
ヒント4：重要なのは「タイミング」だ（絶好のタイミングはしばしば予期せず訪れるが、あっという間に失われてしまう）
ヒント5：文化的な共通点を見出す
ヒント6：この世に新しいことなどない。核兵器以外は
ヒント7：MAD（相互確証破壊）により総力戦は狂気の沙汰に
ヒント8：核保有国間の熱い戦争は、もはや正当化できない
ヒント9：それでも核超大国は、勝てない戦争をする覚悟が必要
ヒント10：経済的な相互依存
ヒント11：同盟は命取りになりかねない
ヒント12：国内情勢は決定的に重要である

彼は米中関係に特化して次の４点を記述する。

オプション①：新旧逆転に適応する
オプション②：中国を弱体化させる
オプション③：長期的な平和を交渉する
オプション④：米中関係を定義しなおす

アリソンのオプションを見ると、「核兵器時代であるから超大国間では戦争ができない」という客観的状況以外、戦争を止める力になるか疑わしい。

## （3）「核兵器の使用」が米ロ、米中の全面対決を防ぐほぼ唯一の手段

ロシアのウクライナ侵攻後の約一か月後、バイデン大統領はポーランドを訪れ、３月26日首都ワルシャワで、「プーチンは権力を維持することはできない（"For God's sake, this man cannot remain in power,"）」と述べた。

バイデン大統領はプーチン大統領を排除するため、幾つかの策を打ち出した。

武器を提供する。

経済制裁をする。

ロシアの石油・天然ガスの輸出を止める。

これによって、ロシアがドイツに天然ガスを輸出できないように、パイプライン「ノルドストリーム2」の爆破に関与したと推定される。2022年、ロシアの侵攻前、バイデン大統領は記者会見で「もしロシアがウクライナに侵攻したら、ノルドストリーム2は存在しなくなる。我々はそれを終わらせる」と述べ、後、ノルドストリーム2は誰かの手によって爆破された。

米国の行動はかなり危険な所にまで進んだ。

米国を中心とするNATO諸国はウクライナに武器支援を行い、2022年後半にはウクライナが押し返した。

こうした中でロシア軍に危機感が出る。ロシアが「通常戦で敗北することがあったら、核兵器の使用も辞さない」との立場を鮮明にした。軍部及び政治家レベルで核兵器使用発言がでる。ロシアがウクライナの首都に核兵器で攻撃をしたら、西側はどうするか。黙認するか。NATOがロシア国土に攻撃するか。その時には今度はNATO諸国に核兵器での攻撃をする。ロシアは自分たちが破壊されるなら、西側を破壊するのに躊躇はしない。

米国はウクライナへの全面的軍事協力の方針を修正した。ロシア国内へ攻撃できる兵器をウクライナに提供することに躊躇した。

こうして「核兵器の使用」が米ロの全面対決を防いでいる。この点は米中でも同様である。

## （4）アメリカの狙いは何か

アメリカの狙いは、ウクライナでは直接戦場に出ることなくウクライナをロシアと戦わせること。同じく極東では日本・台湾に中国と武力紛争を行わせることである。

「テロとの戦い」は一つの弱点を持っていた。闘い続ける中で米軍の中に死傷者が出ることである。

イラク戦争では、米軍の死者数は４４８６人である。

アフガニスタン戦争（２００１－２０２１）では米軍の死者数は２４０２人である。

当然、米国社会でこの痛みが感じられる。

この反省を踏まえ、ウクライナ戦争では米軍は直接戦闘に参加していない。武器を提供し、自分は戦わないパターンができた。

すでに見てきたように、台湾正面で米中が戦えば米軍は負ける。制空権をどちらが握るかが重要であるが、戦闘機の発着基地にミサイルで攻撃すれば戦闘機は飛べなくなる。米軍が戦闘に使える基地は沖縄の嘉手納基地とフィリピンの基地しかない。

従って台湾正面で米軍が勝つことはない。

では米国は何を目指すか。
①日本と台湾に、中国が容認できない行動をとらせる　②反発した中国に、台湾、日本を攻撃させる　③これでもって国際的に中国に制裁を行う　④中国の経済発展には国際貿易が極めて重要であるため、中国経済は甚大な被害を被る、当然中国の指導部は国内での支持を喪失し揺らぐという筋書きであろう。
そのためには、台湾、日本に、軍事紛争の際には、米国が常に軍事的に支援するという幻想を与えていく必要がある。

逆に言うと、「米軍が日本を守る」は幻想にしかすぎないことを認識することが、日本が中国との軍事紛争を避ける道である。

## (5) 尖閣諸島での衝突時、日米安保条約があっても米国は戦う義務は負っていない

日米首脳会談等で、米国は「尖閣諸島は安保条約の対象である」と述べる。

それで多くの国民は、「尖閣諸島で日中軍事紛争が起これば、米軍は参戦する」と思っている。

だが「安保条約の対象である」ことと「米軍は参戦する」とは同じではない。米国の指導者は「安保条約の対象である」とは言っているが、「米軍は参戦する」とは言っていない。法的には米

国は、参戦する義務を負っていない。

安保条約第五条には次のように記載されている。

「各締約国は、日本国の施政の下にある領域における、いずれか一方に対する武力攻撃が、自国の平和及び安全を危うくするものであることを認め、自国の憲法上の規定及び手続に従って共通の危険に対処するように行動することを宣言する」。

この条約では、「自国の憲法上の規定及び手続に従つて共通の危険に対処する」と書かれている。

では米国の憲法はどうなっているか。

議会の権限を規定する、米国憲法の第一条八節一一項には「戦争を宣言し」とある。戦争宣言の権限は大統領にはなく、議会にある。したがって日米安保条約は「米国議会がOKしたら戦争をします」と言っているにすぎない。第二次大戦後、米国はさまざまな軍事展開をしてきたが、議会の意志を無視して戦争状態に入ったことはない。議会は当然、世論の動向を反映している。

こう説明すると、「条約とはそういうものだ」という人がいる。違う。ほぼ同様なNATO条約を見てみたい。

「締約国は、ヨーロッパまたは北アメリカにおける1以上の締約国に対する武力攻撃を全締約国に対する攻撃とみなすことに同意する。……そのような武力攻撃が行われたときは、各締約国が、北大西洋地域の安全を回復しかつ維持するために**その必要と認める行動（兵力の使用を含む）を、個別的に及び他の締約国と共同して直ちにとることにより、その攻撃を受けた締約国を援助**

**することに同意する**」。

ＮＡＴＯ加盟国に攻撃があった時には、直ちに行動をとる。

日米安保条約は「憲法上の規定及び手続に従って行動する」である。

これは条約上の文言だけではない。

このことを、キッシンジャー等は外交の場で明確にしている。

キッシンジャーは米中国交回復の前に周恩来首相と会談した。１９７１年10月22日の会見で、キッシンジャーは次のように発言している。

「**我々が日本を防衛したいと思えば、防衛することはできます。核の時代においては、国家が他の国を防衛するのは条約があるからではありません。自国の国益が危険に晒されているからなのです**」（『周恩来・キッシンジャー機密会談録』）。

台湾正面で米中の軍事バランスが変わり、中国が優位となった今日、ますます米国は尖閣で軍事的に出ることはできない。

## （６）「核の傘」はない

日本が安全保障面で米国に依存する大きな理由は「核の傘」である。

多くの人は「核の傘」があると思っているが「核の傘」はない。

図A

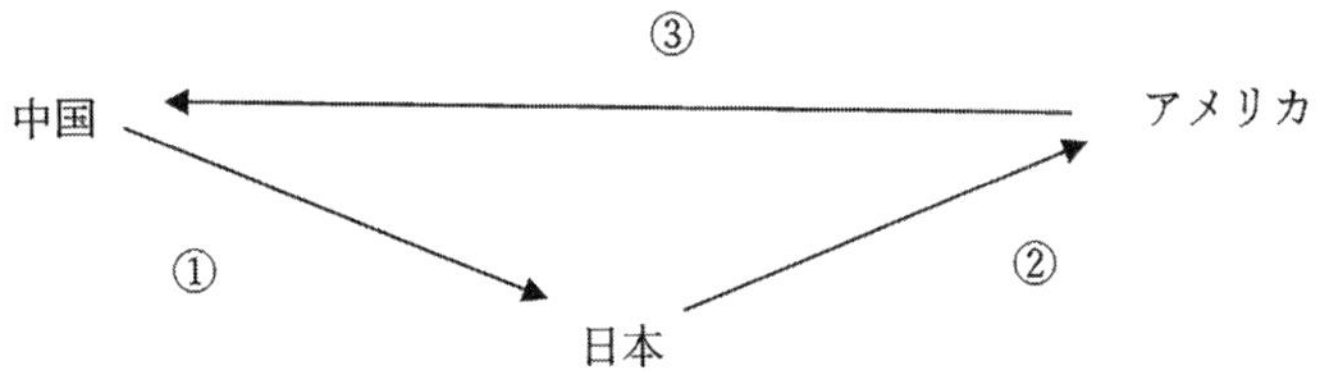


この問題は日本の安全保障を考える上で極めて重要である。私は『13歳からの日本外交』でこの問題に言及したが、あらためて掲載する。

日本は中国の核兵器から、米国の「核の傘」で守られていると一般的には認識されています。しかし「核の傘」など、はじめからありません。

「日本は核の傘によって、ロシアや中国の核兵器から守られている」と言われるのを、私たちはよく耳にします。

今日、安全保障に関する議論で最も誤解されているのは「核の傘」です。

ここでいう「核の傘」とはなんなのでしょうか。

もちろん、文字通りの「傘」が日本上空に漂っているわけではありません。ロシアや中国が撃ってきた核弾頭ミサイルを撃ち落とすシステムがあるわけでもありません。「核の傘」というのは概念です。図Aで説明したいと思います。

図B

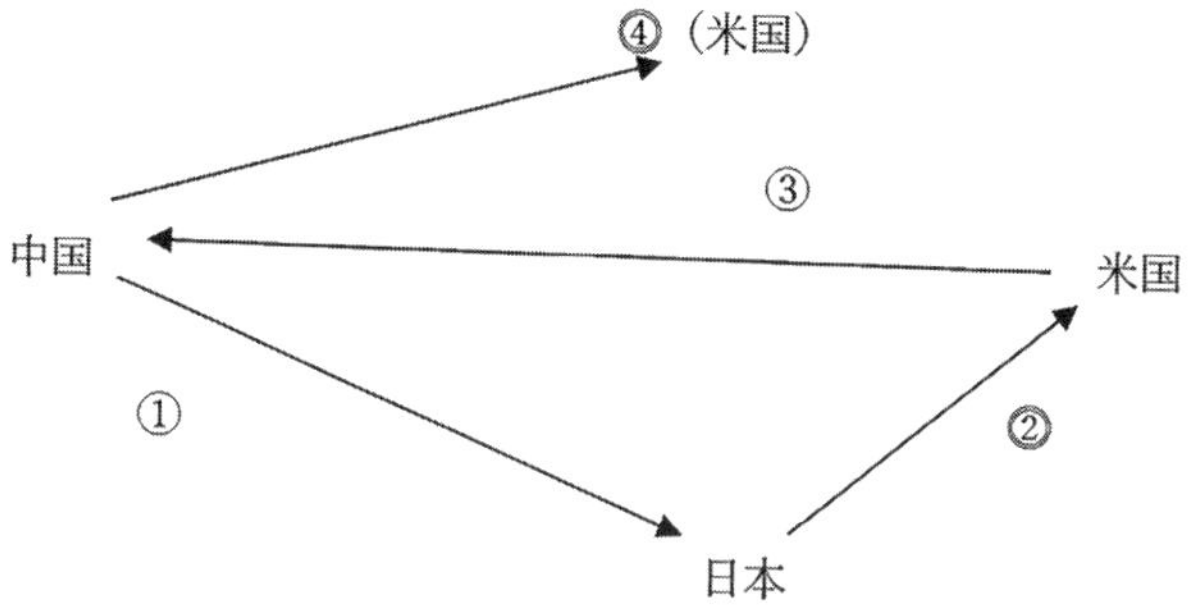


「核の傘」は次の手順を踏みます。

①特定の紛争で日本が中国に合意しないと、中国は日本に「核兵器を撃つぞ」と威嚇する。

②日本は米国に「中国から核兵器で脅迫されている。助けてくれ」と頼む。

③米国は中国に「日本を核兵器で脅すのを止めろ。日本を核攻撃したら、その報復に中国の西安や杭州を核兵器で攻撃するぞ」と牽制する。

①→②→③→中国は西安や杭州を核兵器で攻撃されたらたまったものでないので、日本に対する核攻撃の脅しを取り下げる。

以上が「核の傘」と言われるものです。

しかしこれが機能しない可能性があるのです。図Aに矢印をひとつ追加します。

①から③までは図Aと同じです。①～③で完結すれば「中国は西安や杭州を核兵器で攻撃されたらたまったものでないので、日本に対する核攻撃の脅しを取り下げる」ことになり

ます。でも図Bの場合、そうはなりません。

①特定の紛争で日本が中国に合意しないと、中国は日本に「核兵器を撃つぞ」と威嚇する。

②日本は米国に「中国から核兵器で脅迫されている。助けてくれ」と頼む。

③米国は中国に「日本を核兵器で脅すのを止めろ。日本を核攻撃したら、その報復に中国の西安や杭州を核兵器で攻撃するぞ」と牽制する。

④中国は米国に「西安や杭州を攻撃したら、米国本土のシアトルやユタ州を撃つぞ」と応酬する。

この④が発生するケースは十分にありえます。

そういう可能性を踏まえ、米ソ間の戦略交渉の中心人物であったキッシンジャー元米国務長官は代表的著書『核兵器と外交政策』(日本外政学会、一九五八年)の中で「核の傘はない」と主張し、こう指摘しています。

「全面戦争という破局に直面したとき、ヨーロッパといえども、全面戦争に値すると(米国の中で)誰が確信しうるか。米国大統領は西ヨーロッパと米国の都市五〇と引き替えにするだろうか。西半球以外の地域は争う価値がないように見えてくる危険がある」。

「核の傘があるかないか」はきわめて重要なので、別の人物の発言も見てみたいと思います。国際政治学者モーゲンソウの著書『国際政治』(福村出版、一九八六年)は、米国の古典的リアリズムのバイブル的存在です。国際政治を研究する者で、この本を手にしたことのない人間はまずいないというくらいの本です。同書は核の傘について次のように言及しています。

「核保有国Aは非核保有国Bとの同盟を尊重するということで、Cによる核破壊という危険性に自らさらすだろうか。極端に危険が伴う時にはこのような同盟の有効性に疑問を投げかけることになる」。

「核の傘」に疑問を呈しているのは学者たちのみではありません。「米国が日本に核の傘を与えることはありえない」と発言した人物がいます。元CIA長官のスタン・ターナーです。

ターナーはアマースト大学、海軍士官学校卒、ローズスカラーとしてオックスフォード大学に留学し、ミサイル巡洋艦艦長、NATO南部軍司令官、海軍大学校校長、大西洋を所管する第二艦隊司令官を経てCIA長官となっています。ミサイル巡洋艦艦長、NATO南部軍司令官、第二艦隊司令官として、核兵器の実勢配備の責任者にあった人物です。

一九八六年六月二五日付の読売新聞一面トップは、「日欧の核の傘は幻想」「ターナー元CIA長官と会談」「対ソ核報復を否定。米本土攻撃時に限る」の標題のもと、次の報道を行いました。

「軍事戦略に精通しているターナー元CIA長官はインタビューで核の傘問題について、アメリカが日本や欧州のためにソ連に向けて核を発射すると思うのは幻想であると言明した。

我々は米本土の核を使って欧州を防衛する考えはない。

アメリカの大統領が誰であれ、ワルシャワ機構軍が侵攻してきたからといって、モスクワに核で攻撃することはありえない。そうすればワシントンやニューヨークが廃墟になる。同様に日本の防衛のために核ミサイルで米国本土から発射することはありえない。我々はワシントンを破壊してまで同盟国を守る考えはない。アメリカが結んできた如何なる防衛条約も核使用に言及したものはない。日本に対しても有事の時には助けるだろうが、核兵器は使用しない」。

キッシンジャー、モーゲンソウという米国の安全保障・外交理論の第一人者たちが、核の傘はないと明言し、米海軍第二艦隊司令官やＣＩＡ長官という重要ポストを経たターナーもまた同じことを述べているのです。

米国国務省員や国防省員は、日本を引きつけるために、あるいは有利な取引を得るために、ある種のリップサービスとして「核の傘を提供しています」と過去に言ってきました。おそらくこれからも言いつづけるでしょう。

しかし米国が同盟国に「核の傘」を保証することが、米国の安全に重大な害を与える行為である以上、「核の傘」は存在しないと考えるほうが現実的です。

第二次大戦以降、日本は非核三原則を貫いてきました。その状況の中では、自衛隊員は、「本当は核を保有したいという願望があるのだろう」と非難されることを恐れ、核理論を勉強してきませんでした。リベラル勢力は「核兵器なんてとんでもない」と考えるばかりで、それについて知ることさえもタブーにしてしまい、核戦略を勉強しませんでした。

しかし核の傘など、はじめからなかったのです。


すでに述べてきたように、米国はウクライナ戦争で、ウクライナに最大限の支援をしているが、核戦争になる可能性は極力排除してきている。それは日本と中国の関係でも同様である。

## （7－1）約束を守ること、それは平和の第一歩である（ウクライナ問題）

すでにみたように、歴史的にみると、ジョージ・ケナンは「1998年米国上院がNATOをポーランド、ハンガリー、チェコに拡大する決定を行い、これを新冷戦の始まり」と述べている。

それは何を意味しているか。

これもまた述べてきたことであるが、1990年に米国等がゴルバチョフソ連大統領と交わした「NATO軍の管轄は一インチたりとも東方に拡大しない」という約束を破り、NATOをポーランド、ハンガリー、チェコ等に拡大した。

しばしば「軍事力で現状変更は許されない」という言葉が使われる。過去の約束を一方的に破ることはどう位置付けられるのか。

ちなみに米国と従来のNATO諸国の安全を守るために、1998年米国上院がNATOをポーランド、ハンガリー、チェコに拡大する決定を行なわなければならない理由はない。ある意味、ロシアが力を失っている間に勢力を拡大したいという貪欲さのなせる業である。

## （7―2）約束を守ること、それは平和の第一歩である（台湾問題）

私達はすでに、米中、日中国交回復の時に、①外交関係の樹立には、台湾問題が最重要である、②中国は、「台湾は中国の一部である」という立場を主張し、日米はそれを認識して行動をとるという約束をした。米国と日本がこの立場を再確認すれば台湾問題は起こらない。

## （8―1）新しい枠組みの模索：その①　南極条約の知恵の拝借

かつての約束を守るとともに、平和を促進するために新しい枠組みの考察を行いたい。その時も何も自分の頭だけに頼る必要はない。人類の英知は調べればあちらこちらに存在している。その一つが南極条約だ。

南極は、過去に様々な国が探検隊を派遣し、その後、各々が領有権を主張した。アルゼンチン、豪州、ベルギー、チリ、フランス、日本、ニュージーランド、ノルウェー、南アフリカ、ソ連、英国、米国が関与している。これらの国の一か国でも主権を主張し始めると大混乱に陥る。

それで1959年に関係国が集まり「南極条約」に署名した。ここでの重要な条項を紹介する。この時の世界の指導者は米国がアイゼンハワー、ソ連がフルシチョフ、英国マクミラン（「小英国」を模索）、フランスはドゴール（ドイツとの和解を推進）である。

第一条1　南極地域は、平和的目的のみに利用する。軍事基地及び防備施設の設置、軍事演習の実施並びにあらゆる型の兵器の実験のような軍事的性質の措置は、特に、禁止する。

第四条1　この条約のいかなる規定も、次のことを意味するものと解してはならない。

(a) いずれかの締約国が、かつて主張したことがある南極地域における領土主権又は領土についての請求権を放棄すること。

つまり、「主権」を主張する権利は認めるが、「軍事利用はしない」という約束である。さらに1982年に南極における鉱物資源の開発に関する条約が署名されたが、ほとんどの国は批准せず実効に至っていない。だが資源の開発を行わなければ紛争は生じない。**領有権は保留するも軍事利用は禁じ、さらに鉱物資源の開発までしないようにしようとする動きには学ぶものがある。**

## (8－2) 新しい枠組みの模索：その②　尖閣諸島、その周辺海域を国際自然保護区に

私は1980年代ハワイに行ってある湾を訪れた。色とりどりの魚が泳いでいる。たぶん漁業

を禁じているのであろう。魚を捕獲して得るよりはるかに大きい利益をハワイは得ていたであろう。

1990年ごろカナダの大西洋側を訪れた。クジラ見学の船が出ていて、潮を吹くのを見た。たぶんクジラの肉を売るより、このコミュニティははるかに大きい利益を観光で得ていたろう。

現在、尖閣諸島周辺で漁業はほとんど行われていない。必要なら漁業補償すればいい。軍事衝突の可能性に備えて増額する軍備費と比較すれば、漁業補償は微々たるものである。自然保護を重視する世界からも評価されるであろう。宮古島近辺を軍事要塞化するよりはるかにいい。

## （9）経済での相互依存関係の強化は戦争を避ける道、それをさせないバイデン政権

お互いの経済協力を緊密化することによって戦争を避けるのはすでに、独仏関係、ASEAN関係で見えている。独仏は第一次世界大戦と第二次大戦を戦い、莫大な被害を出した。

今日、世界の誰も独仏が戦争するとは思っていない。しかしそれはそう自明のことではない。潜在的には、ドイツとフランスは領土問題を抱えている。第二次大戦によってドイツ領からフランス領に移ったアルザス・ロレーヌ地方は九州の7割位の土地である。歴史的にみると、ここにはドイツ語系の言葉を話していた人は約百万名いた。ドイツがこの地方は「ドイツ固有の領土だ」と主張する根拠は十分にある。だが今、ドイツは、自己の権益を主張し、アルザス・ロレーヌ地

方を取り戻そうとはしていない。

ドイツ、フランスの国民は第一次大戦、第二次大戦の被害を顧み、二度と両国間で戦わない選択をした。戦争は多くの場合、資源の争奪戦である。独仏間では石炭・鉄鋼が戦争の原因になっている。１９５０年この石炭・鉄鋼を欧州で共同管理をする選択をした。この協力関係が発達して、今日のＥＵ（欧州連合）になり、誰も独仏が戦争すると思っていない。

今日の協力関係の基礎を作ったモネは１９４３年「もし欧州の国々が（この戦争の後）国家主権の基礎の上に、国家の威信を目指す政治と経済の保護主義を行うならば、欧州に平和はこないだろう」とのべ、１９５０年5月9日アデナワー独首相の了承を得て、シューマン仏外相は仏政府の名の下に全ての鉄鋼、石炭の生産を共通の権威の下に置き、欧州の他の国にも開放するという構想を出した。ドイツ人、フランス人が領土問題で言い争いをするより、協力の実をとる決断をしたのである。

目を東南アジアに転じてみよう。ＡＳＥＡＮ諸国は東南アジアという同じ地域にありながら、歴史、人種、宗教など多くの面で差異を持つ国々である。インドネシアでは国民の約75%がイスラム教徒、マレイシアはイスラム教を国教としている。タイは仏教徒が95%、フィリピンは人口の90%がキリスト教徒である。歴史的にはタイは第二次大戦で独立を維持し、インドネシアはオランダの植民地、マレイシア、シンガポールは英国の植民地、フィリピンは、最初はスペイン、次いで米国の植民地であった。国内政治体制ではタイは国王を持つ。マレイシアは互選で選び、任期五年の国王を持つ。かつ議会民主主義制度である。インドネシアとフィリピンは実権を持つ大統領がいる。シンガポールは大統領制を持ちつつ、実権は首相にある。第二次大戦後、ＡＳＥＡＮの多くの地は不安定に推移した。お互いの国家関係は決して良好ではなかった。

こうしてみると、東南アジアの地域は、絶えず紛争を繰り返していても不思議はない。しかし、東南アジアの地域はＡＳＥＡＮという組織を作り、安定化をはかり、世界の成長地域となった。

１９５５年インドネシアのバンドンでアジア・アフリカ会議が開催され、ここでバンドン平和十原則が決定される。

①全ての国の主権と領土保全を尊重
②他国の内政に干渉しない
③集団的防衛を大国の特定の利益のために利用しない。また他国に圧力を加えない
④侵略または侵略の脅威・武力行使によって、他国の領土保全や政治的独立をおかさない

こうした合意を基礎に、武力紛争を避け、互いの協力関係を発展させ、世界の経済発展の軸になろうとしている。

地域間の経済協力を発展させれば、紛争の起こる可能性は少なくなる。この歴史的現実に挑んでいるのが今日の米国である。

東アジア共同体構想がある。一時は日本国内でも政治家、学者、経済界が支持した。しかし、ナイ・ハーバード大学教授は「米国抜きの東アジア共同体構想の実現は許さない」と発言し、米国の消極的姿勢を察知した日本の政治家、学者、経済界は一気に東アジア共同体構想の推進から身を引いた。

欧州を見てみよう。ウクライナ戦争の進行と共に、ロシアと欧州、特にドイツとの経済的結びつきの象徴的存在であったノルドストリーム2は破壊された。誰が破壊したかはわからない。だが私達はすでに第三章で次の2022年2月8日付ロイターの報道をみた。

「(ドイツ首相の訪米時）バイデン大統領は月曜日、ショルツ首相との共同記者会見で、〝もしロシアがウクライナを攻撃したら、ノルドストリーム2はなくなる。我々はそれを終わらせる〟と述べた。どのようにしてそれを行うかを問われて彼は〝我々は実施出来る事を約束する〟と述べた」。

ノルドストリームというドイツ・ロシアの経済的なつながりが、ドイツの厳しい対応を阻害することがないように、破壊したのである。重要なことは、ドイツもロシアも破壊しようとしていないことである。バイデン大統領はそれが許せなかった。

つまり、私達は、平和を創るには「構想」を出すだけでは不十分である。「構想」を実現させるだけでは不十分である。「構想」を守り、「構想」の実現を阻もうとする勢力との対峙が必要である。

## (10) 世界は軍産複合体を超えられるか

アイゼンハワーは1953年1月から1961年1月まで大統領である。第二次大戦中はヨーロッパ戦域連合国軍指揮官であった。1945年から1948年陸軍参謀総長であった。したがって軍人出身で最も成功した政治家である。

**この経歴を持つアイゼンハワーが1961年1月17日国民への離任演説を行う。それは米国国民に対する極めて異例の警告だった。**豊島耕一訳から主要点をみてみたい。

・今夜、私はお別れのメッセージを皆様にお届けし、後にいくつかの考えを皆様と分かち合いたいと思います。国民の皆様と同様に、私は新大統領の、また彼とともに働く人々の成功を祈ります。

・平和を維持するための不可欠の要素は私たちの軍組織です。

・最後の世界戦争までアメリカには軍事産業が全くありませんでした。アメリカの鋤の製造者は、時間をかければ、また求められれば剣《つるぎ》も作ることができました。しかし今、もはや私たちは、国家防衛の緊急事態において即席の対応という危険を冒すことはできません。私たちは巨大な規模の恒常的な軍事産業を創設せざるを得ませんでした。

・これに加えて、350万人の男女が防衛部門に直接雇用されています。私たちは、アメリカのすべての会社の純収入よりも多いお金を毎年軍事に費やします。

・我々は、政府の委員会等において、それが意図されたものであろうとなかろうと、軍産複合体による不当な影響力の獲得を排除しなければなりません。誤って与えられた権力の出現がもたらすかも知れない悲劇の可能性は存在し、また存在し続けるでしょう。

・**この軍産複合体の影響力が、我々の自由や民主主義的プロセスを決して危険にさらすことのないようにせねばなりません。**

何ごとも確かなものは一つもありません。

警戒心を持ち見識ある市民のみが、巨大な軍産マシーンを平和的な手段と目的に適合するように強いることができるのです。その結果として安全と自由とが共に維持され発展して行くでしょう。

・歴史的に、自由なアイデアと科学的発見の源泉であった自由な大学が、研究方法における革命を経験してきました。莫大な資金が絡むという理由を一因として、科学者にとって政府との契約が知的好奇心に事実上取って代わっています。

軍産複合体の脅威と言えば、多くはこれを「陰謀論」という。だがその脅威を述べているのは輝かしい軍歴を持つ米国大統領自身である。

そして今日、その危険は従来以上に増したと言える。

トランプ大統領は在任中、海外の米軍基地は不要と言った。対立の続く朝鮮半島では、朝鮮戦争の最終的決着、平和条約の締結を目指した。軍産複合体の根本を揺るがしたと言っていい。2020年の大統領選挙では、元国防省、国務省、CIAなどの高官、学者等約500名が署名し、バイデン支持を発表した、極めて異例である。そして軍産複合体の利益のために動く政権を作った。

アリソンの言葉を借りれば、今日の西側社会の安全保障・外交関係の崩壊は、「アメリカの民主主義が致命的な徴候を示していることを懸念している。根底には、公職につく者の倫理観の衰え、制度化された腐敗、教育水準が低く注意力の乏しい有権者、そして短絡的なメディアがある」現象と関係がある。

平和を構築する構想がないのではない。

「平和を構築する構想」を排する社会になっていることに、西側社会の病気の深刻さがある。

# 終章　日本のこれからの安全保障について

これまで様々なことを書いてきた。理解してもらうため、細部に入りすぎたり、説明が饒舌になりすぎたのでないか、それによって読者が全体像をつかみにくくしたのでないかと反省している。従って、全体像をつかんでいただくため、これまでに言及した部分をも含め、総括的に記載したい。

**原則1：「同盟は、家臣（Vassal）ではない」。先ず国益から論ずるという姿勢をとろう。**

率直にいうと、今日の日本の外交・安全保障政策は「米国を喜ばすため」のものと言える。それは一政治家個人の選択というより、歴史の産物である。

しかし私達はこの思考から離れるべきだ。

世界情勢は米国一極支配でなくなった。

２０２３年4月に訪中したマクロン仏大統領は、帰途記者に「最悪の事態は、欧州がこの話題（台湾問題）で追従者となり、米国のリズムや中国の過剰反応に合わせせなければならないと考えることだ」と語った。強固な米国の同盟国からこうした発言が出るようになった。この発言が非難されるや、マクロン大統領は記者会見で、「（米国の）同盟国であることは米国の家臣（vassal）になることではない。自分たち自身で考える権利がないということにはならない」と述べた。

今欧州の雰囲気は変化している。4月の欧州外交評議会は「台湾を巡る米中の紛争に各々の国はどう対応すべきか」について、A：米国を支持、B：中立を問うた。結果は欧州平均でAが23％、Bは62％だった。フランスでは、Aが24％、Bは53％、ドイツはAが23％、Bが60％である。欧州の民意は圧倒的に中立なのである。ＮＡＴＯを持ち、米国と軍事同盟にある欧州ですら、台湾問題での米中衝突には中立なのである。

米国と同盟的立場にある欧州を離れると、「米国離れ」は一段と加速している。イスラム圏のアルジャジーラ紙が２０２３年5月「さようならアメリカ、こんにちは中国？」と題し、「アラブ研究政策研究センターがアラブ14か国で実施した２０２２年の世論調査で、回答者の78％がこの地域における最大の脅威と不安定の原因は米国であると回答した」と報じている

新たな世界情勢の中で、世界の多くの国々は「国益」という視点で考え始めている。「米国」とか「中国」とか「ロシア」の陣営につくのでなく、「国益」を尺度に選択している。

今日日本では安全保障論では米国の見解と調和させることが求められている。それは政治家（野党も含め）、官僚、ジャーナリストの共通の価値観だ。だが世界が米国に追随する時代は終わった。先ず「日本の国益にどう合致するか」で外交・安全保障政策を考えよう。

**原則２：「米国を恐れるな」**

米国に逆らった政治家は米国に潰されることはある。

だが国民は、大国に抗して潰される政治家こそ尊敬に値することが多いことを知るべきだ。カナダにピアソンという首相（１９６３年－１９６８年）がいた。ベトナム戦争時、北爆に反対し、ジョンソン米国大統領に呼び出され、文字通り肉体的につるし上げられた。カナダ国民はそれを知っている。しかし今日カナダ外務省は「ピアソン・ビルディング」と呼ばれている。カナダ国民は大国米国に抵抗する価値を認識している。それは若干の犠牲を払ってもだ。

西側以外に目を転ずると、米国の政策に同調しないことを明確にする政治家が増えた。サウジのムハンマド・ビン・サルマーン皇太子、トルコのエルドアン大統領、ブラジルのルイス・イナシオ・「ルラ」・ダ・シルヴァ大統領等は米国政府からの批判をうけ、排除の工作を受けていたようであるが、国民の支持を背景に地位を逆に強固にしている。

**原則３：「日本はロシア、中国、北朝鮮の軍事大国に囲まれている。いくら努力してもこれに**

## 対抗できる軍事国家にはなれない」

日本は特異な軍事大国に囲まれている。

かつてソ連は国是たる共産主義が西側諸国から危険視された。ソ連の発足時から崩壊まで常に欧米諸国に軍事的に破壊される恐れがあった。したがってソ連は主たる相手国である米国に匹敵する軍事力を持つことを求め（──結局それがソ連崩壊の大きな要因になっている──）、それが今日のロシアにも引き継がれている。

毛沢東の著名な言葉に「革命は銃口から生まれる」（１９２７年共産党中央緊急会議──八・七緊急会議──）がある。内戦、抗日戦を経て、軍は中国共産党の要であった。

北朝鮮は国家の成立直後、朝鮮戦争を経験した。そしてこの戦争は休戦協定を持つに至ったが、最終的決着の平和条約に至っていない。朝鮮半島では軍事緊張が今日まで継続している。

日本の国内環境は上記の中国、ロシア、北朝鮮とは異なる。「非戦」「民主主義」「自由主義」を国是としてきた。この雰囲気は若干変化しているが、これらを破棄するまでにはいかない。こうした環境の中、今日の日本が如何に軍事的努力をしても、軍事を最優先してきた中国、ロシア、北朝鮮の軍事力に匹敵するものは構築できない。本当にそうしようとするなら、日本は「非戦」「民主主義」「自由主義」を完全に捨て、中国、ロシア、北朝鮮的な国づくりをしなければならない。「軍国主義国家」と「自由主義国家」は両立しない。

現在の日本の努力は「機関銃を装備するマフィアにピストルをもって対抗しようか」という程

度である。

**原則4：「小敵の堅《けん》は大敵の擒《とりこ》なり（小部隊で強気になると大部隊の餌食になる）」**

相手国は殴られたら殴り返す。倍返し、10倍返しとなる。

中国、ロシア、北朝鮮と軍事的に戦い、日本が勝つ可能性はない。

多くの日本人はこれを信じたくないが、歴然とした事実である。

日本の安全保障論で不思議なのは、こちらが「敵基地攻撃」等をしたら相手国はどうするかという議論がないことである。中国も、北朝鮮も、ロシアも殴られたら殴り返す。

人口が密集し、原発が立ち並び攻撃された日本は、攻撃された時での被害は甚大である。攻撃を行う武器は高度化し、防御はほとんどできない。倍返し、10倍返しとなる。敵基地攻撃論者はこの点を全く議論しない。「敵基地攻撃」論は、敵の反撃を考慮したら成り立たない論である。

中国も、北朝鮮も、ロシアも彼らが攻撃する時、核兵器の搭載を行えば、東京、横浜、大阪、名古屋、福岡などは存在しなくなる。ウクライナ戦争でプーチン大統領や軍部は「核兵器の使用は排さない」と述べており、核兵器の使用は決して蓋然性のないものではない。

日本が攻撃される時に、敵国は「日本が許容できる範囲でしか攻撃しない」という考えはどこから来るのか。敵国は「日本が許容できる範囲か否か」とは関係なく攻撃する。ロシアのウクライナ攻撃を見れば、核兵器の使用を除き、何らの聖域はない。電力、水資源、道路・通信、住宅などの何らの制限なく攻撃している。戦いでは、相手国が耐えられないと思うまでエスカレートする。今日標的は軍事に限らず、一般市民が標的になっているのが現状だ。

仮に台湾で米中軍事衝突が起こったとしよう。真っ先に攻撃を受けるのは沖縄の嘉手納基地及びそのインフラ設備、自衛隊ミサイル部隊のある石垣島である。インフラへの攻撃を含むから、当然市街地も標的になる。これらは戦闘の開始時、ほぼ自動的に行われる。さらに米空軍の参加度合いによって岩国基地や、仮に米海軍参戦時には横須賀基地への攻撃がおこる。ウクライナ戦争でもロシアは真っ先にウクライナの空軍基地を攻撃した。

**原則5：「米国が軍事的に日本を防衛するのは、自国の利益と一体の時に行うのであり、条約があるからではない」**

（日米安保条約とＮＡＴＯとの比較、「核の傘」の項を参照願いたい）

**原則6：「台湾海峡を巡り米中衝突の際は、米軍は中国軍に負ける」**

（ランド研究所論文、アリソン論評など参照願いたい）

**原則7：「戦いに入れば、武器の高度化によって、戦いで得るものと、戦いで失うものとの比較で、勝敗と関係なく、後者が圧倒的に大きい」**

この現象は第一次世界大戦で生じたが、十分な認識がなく、第二次大戦に突入した。その反省から独仏は協力すること（欧州石炭鉄鋼共同体から今日のＥＵに発展）で戦いに行く道を閉じた。日本が憲法九条を持ったのは、広島・長崎への原爆投下や、東京等主要都市への空爆で甚大な被害が出たからではないか。軍事紛争になればその被害の可能性はある。破壊力はますます巨大になっている。何故私達日本人は被害の大きさを忘れてしまったのか。敵国が東京などの政治、社会、経済の中心地に攻撃する際、防御は機能しない。その被害は莫大なものとなる。

**原則８：「外交は『自己の主張においての１００点中、50点取るのが理想』という妥協の精神を持てば妥協の道は常にある」**

**原則９：「過去の合意の順守をする気持ちで臨めば、大方の問題はすでに武力紛争に行かないような枠組みが設定されている」**

対立点を含む外交問題は突然今出てくるわけではない。過去にさかのぼれば、多くの場合、先人が軍事紛争に発展しないような枠組みを設定している。台湾問題、北方領土問題、尖閣諸島、竹島のいずれも、歴史的にある種の解決をみている。こうした合意が不条理なものかを考えてみると、多くの場合、合意の履行が望ましいという結論になる。残念ながら、これらの問題を論ずる時、過去の合意に言及しない場合が多い（合意の存在すら知らない時が多い）。

もし過去の合意が妥当性を失っているというのであれば、合意が存在していたことを前提に、新たな合意をどうするかを話し合えばいい。新たな合意が成立するまでは過去の合意を守れば軍事紛争に発展しない。残念ながら多くの紛争はこのプロセス抜きに紛争にいく。

（注：軍事紛争で利益を得る層が各国に存在し、彼らが国内政治において強い影響力を持っていることに留意すべきである）

**原則10：「『好戦的』で『不確定』な北朝鮮に対してすら、攻撃させない道がある」**

私達はしばしば、北朝鮮は「好戦的である」「彼らの考えていることは判らない」という。しかし、最低限、「北朝鮮は自らの手で国を滅亡させることは望まない」「北朝鮮指導者は自らの手で生命をなくすることは望まない」と言える。

これを前提とすれば、北朝鮮と、明示的、あるいは暗黙の合意点は導き出せる。

キッシンジャーは『核兵器と外交政策』で次を記述している。

・核保有国間の戦争は中小国家であっても、核兵器の使用につながる

・核兵器を有する国はそれを用いずして全面降伏を受け入れることはないであろう、一方でその生存が直接脅かされていると信ずるとき以外は、戦争の危険を冒す国もないとみられる

・無条件降伏を求めないことを明らかにし、どんな紛争も国家の生存の問題を含まない枠を作ることが米国外交の仕事である

北朝鮮を脅かさなければ、彼らから攻撃はしない。彼らが攻撃すれば国と指導者の滅亡となる。もし、日本が北朝鮮の軍事的脅威をなくするのが対北朝鮮政策の最大課題であるなら、「日本は北朝鮮の国家や指導者を排除することを目的とする軍事行動に参画しない」と言えばいい。それで終わりである。

そんな簡単な声明を行えないところに日本の安全保障政策の歪みがある。

世界で最も「好戦的である」「彼らの考えていることは判らない」とされる北朝鮮に対してすら軍事攻撃をさせない道があるなら、世界のほぼすべての国家との間で外交的解決の道がある。

**原則11：「ロシア、中国、北朝鮮とは外交努力をすれば武力攻撃を受けることはない」**

原則3で「日本はロシア、中国、北朝鮮の軍事大国に囲まれている。いくら努力してもこれに対抗できる軍事国家にはなれない」と書いた。

原則4で「小敵の堅は大敵の擒なり（小部隊で強気になると大部隊の餌食になる）」「相手国は殴られたら殴り返す。倍返し、10倍返しとなる」と書いた。

原則5で「米国が軍事的に日本を防衛するのは、自国の利益と一体の時に行うのであり、条約があるからではない」と書いた。

日本がロシア、中国、北朝鮮と軍事行動を起こせば、かえって日本崩壊につながると書いた。当然「では座して死を待て」というのかという反論があろう。

私は「座して死を待て」と述べているのではない。

原則10で「日本は北朝鮮の国家や指導者を排除することを目的とする軍事行動に参画しない」と言えば、北朝鮮は軍事攻撃しないと記述した。同様なことはロシア、中国についても言える。

ロシアについて考えてみよう。ロシアはしばしば好戦的だと言われる。獰猛と言われる。獰猛であることは間違いない。同時にロシアは「熊(BEAR)」と言われる。株式の表現で市場は「BULL(雄牛)相場」と「BEAR(熊)相場」がある。ブル・ベアとは、相場の強気・弱気を示す。ブル(Bull)は強気のことで、雄牛が角を下から上へ突き上げる仕草から相場が上昇していることを表し、ベア(Bear)は弱気のことで、熊が前足を振り下ろす仕草、あるいは背中を丸めている姿から相場が下落していることを表す。

熊は暴れだすと激しいが、暴れる前は極めて慎重だ。「自分達が脅かされている」と感じる時には、自己破滅的に戦う。彼らに「自分達が脅かされている」と感じさせなければ、日本を軍事的に攻撃することはない。

中国との関係では、台湾問題と尖閣問題がある。台湾問題は日本が、1972年の日中共同宣言の「中華人民共和国政府は、台湾が中華人民共和国の領土の不可分の一部であることを重ねて表明する。日本国政府は、この中華人民共和国政府の立場を十分理解し、尊重し、ポツダム宣言第八項に基づく立場を堅持する」に戻れば、台湾を巡り日中が武力衝突することはない。更に日中共同声明には「武力又は武力による威嚇に訴えないことを確認する」という合意がある。日中で

「1972年の共同声明を守る」という約束を今一度行えばいい。そういう動きを日本政府はしているだろうか。

尖閣諸島も、①領有権は日本、中国、台湾が各々自分のものと主張することは容認する　②しかし管轄権は日本のものとするという田中・周恩来会談の暗黙の合意を踏襲すればいい。更に日中漁業協定を守ればよい。この態度を維持すれば、尖閣諸島をめぐる軍事紛争は起こらない。ここでも日本政府はこれら合意を守っていこうという呼びかけは行っていない。

日本は中国、ロシア、北朝鮮は危険だ危険だと騒いでいる。だがその危険を爆発させないための外交手段があることにはほとんど言及しない。それを追求する外交努力も行わない。

妥協の精神に基づき、武力紛争に到らないためにどこで合意できるかを考えれば、中国、ロシア、北朝鮮とのほとんどすべての問題で武力紛争は回避できる。

**原則12：「『ジャパン・アズ・ナンバーワン』（Japan as Number One）と恐れられた時代に回帰しよう」**

日本は第二次大戦に敗れ国土は荒廃した。

しかし「日本の経済の奇跡（Japanese economic miracle）」による復活を遂げた。

現在の日本は衰退の方向にまっしぐらに進んでいるが、敗戦直後の悲惨な状況と比較すればどれほど恵まれているか。流れを変えるチャンスはまだまだある。

「日本の経済の奇跡」を遂げた原因は何であったか。この原因を見直せば、再度の復活へ向けた将来の指針があるのでないか。

1：真摯な客観情勢の分析に基づく政策の立案と、「日本株式会社、Japan Inc」と呼ばれた官民一体としての取り組み

（注：今日、小泉元首相ですら〝原発は安全、原発は安い〟は皆嘘だったと言っている中、原発に戻るという如き、偽りの政策が跋扈）

2：高度な裾野の広い教育水準

（注：今日GDPに占める公的教育費はOECD諸国の下に位置する逆転の事態を招いている）

3：「一億総中流」

一億総中流は、日本国民の大多数が自分を中流階級だと考える「意識」を指す。1958年内閣府の「国民生活に関する世論調査」の第1回調査結果において自身の生活の程度を中の上から中の下と選んだ人の回答比率は既に7割を超えていた。これを1970年代の日本の人口約1億人にかけた言葉である。

別の言葉でいえば、格差社会を作らない社会である。「一億総中流」が旺盛な購買意欲を持ち、GDP（国民総生産）の押し上げに大きく寄与した。

4：資源を非軍事に集中

つまり1－4の要因と今日の状況は、皆逆である。

最低限、『Japan as Number One』と恐れられた時代を作った要因を今日復活できないか考えてみたい。日本の歴史にあった事実なのだから、その復元はできないはずはない。

孫崎 享（まごさき・うける）１９４３年、旧満州生まれ。東京大学法学部を中退後、外務省に入省。英国、ソ連、イラク、カナダに駐在。駐ウズベキスタン大使、国際情報局長、駐イラン大使、防衛大学校教授などを歴任。現在、東アジア共同体研究所所長。主な著書『戦後史の正体』（22万部のベストセラー。創元社）、『日本外交　現場からの証言』（山本七平賞受賞。中公新書）、『日米同盟の正体』（講談社現代新書）、『日米開戦の正体』『朝鮮戦争の正体』（祥伝社）、『アメリカに潰された政治家たち』（河出書房新社）、『平和を創る道の探求』（かもがわ出版）ほか。

同盟は家臣ではない
――日本独自の安全保障について

2023年 8月20日 第1刷発行
2023年10月30日 第2刷発行

著　者　孫崎　享
発行者　辻　一三
発行所　株式会社青灯社
東京都新宿区新宿 1－4－13
郵便番号 160－0022
電話 03－5368－6923（編集）
　　 03－5368－6550（販売）
URL http://www.seitosha-p.co.jp
振替　00120－8－260856
印刷・製本　モリモト印刷株式会社

ISBN978－4－86228－126－5 C0031

小社ロゴは、田中恭吉「ろうそく」（和歌山県立近代美術館所蔵）をもとに、菊地信義氏が作成

◎青灯社の本◎

「心＝身体」の声を聴く　泉谷閑示　定価1600円＋税

日本社会の周縁性　伊藤亜人　定価2500円＋税

みんな「おひとりさま」　上野千鶴子　定価1400円＋税

知・情・意の神経心理学　山鳥　重　定価1800円＋税

「二重言語国家・日本」の歴史　石川九楊　定価2200円＋税

子どもが自立する学校
——奇跡を生んだ実践の秘密　尾木直樹　編著　定価2000円＋税

教科書を書き換える
日本史の教室（上・下）　浮世博史　定価各2200円＋税

非行少年たちの神様　堀井智帆　定価1500円＋税

9条がつくる脱アメリカ型国家
——財界リーダーの提言　品川正治　定価1500円＋税

中国のロジックと欧米思考　天児　慧　定価1800円＋税

中国　超新星爆発とその行方　朱　建榮　定価2500円＋税

我感ずる、ゆえに我あり
——内受容感覚の神経解剖学　A・D・（バド）クレイグ　著
花本知子　訳
大平英樹　監修
定価4500円＋税

起源——古代オリエント文明：
西欧近代生活の背景　ウィリアム・W・ハロー
岡田明子　訳
定価4800円＋税

魂の脱植民地化とは何か　深尾葉子　定価2500円＋税

枠組み外しの旅
——「個性化」が変える福祉社会　竹端　寛　定価2500円＋税

合理的な神秘主義
——生きるための思想史　安冨　歩　定価2500円＋税

生きる技法　安冨　歩　定価1500円＋税

他力の思想
——仏陀から植木等まで　山本伸裕　定価2200円＋税

理性の暴力
——日本社会の病理学　古賀　徹　定価2800円＋税

愛と貨幣の経済学
——快楽の社交主義へ　古賀　徹　定価2000円＋税

魂深き人びと
——西欧中世からの反骨精神　香田芳樹　定価2500円＋税